Aurélienne Dauguet

Mein neues Leben mit der Lichtnahrung

MERANO-VERLAG

Autor: Aurélienne Dauguet
Umschlaggestaltung: Aurélienne Dauguet
Satz und Layout: Karin Hartl

Bibliografische Information der Deutschen Nationalbibliothek:

Die Deutsche Nationalbibliothek verzeichnet diese Publikation in der Deutschen Nationalbibliografie; detaillierte bibliografische Daten sind im Internet über http://dnb.dnb.de abrufbar.

2. Auflage (2023)

Herstellung: BoD - Books on Demand, Norderstedt

ISBN: 978-3-944700-77-9 (Paperback)

ISBN: 978-3-944700-97-7 (e-book)

Aurélienne Dauguet

Mein neues Leben mit der Lichtnahrung

„ICH HABE MIR ANGEWÖHNT BEI MEINEN HANDLUNGEN MEINEM HERZEN ZU FOLGEN UND WEDER AN MISSBILLIGUNGEN NOCH AN FOLGEN ZU DENKEN."

JOHANN WOLFGANG VON GOETHE

Inhaltsverzeichnis

Mein neues Leben mit der Lichtnahrung

Vorwort

Dieser Bericht über meinen Lichtnahrungsprozess (im Folgenden LNP genannt) ist kein Erfolgsbericht im Sinne einer reibungslosen Geschichte: aufgehört zu essen, kein Gramm verloren, keine Probleme, alles in bester Ordnung. In dieser Abhandlung möchte ich den Prozess umfassend beschreiben und auch die etwas unangenehmeren Begleiterscheinungen thematisieren, so dass die Menschen die Lichtnahrung ein wenig menschlicher, „normaler" und realistischer sehen können.

Die Umstellung hat viele Gesichter und betrifft unterschiedliche Lebens- und Persönlichkeitsaspekte. Einige davon erläutere ich hier aus meiner schlichten, aber abenteuerlustigen Perspektive. Hoffentlich haben Sie ebenso viel Freude daran wie ich.

Zuerst beschreibe ich in Tagebuchform den LNP, einen Zeitraum von 21 Tagen, in dem die Umstellung und die Installation des Pranas stattfinden. Anschließend werde ich anhand einzelner Tage stichpunktartig von meinen Beobachtungen berichten, bis zum April 2018, genau ein Jahr nach dem Beginn.

Danach folgen diverse Themen: Feststellungen, Erklärungen, Reflektionen und Schlüsse, die ich aus meinen Erlebnissen gezogen habe.

Die Entscheidung, auf Nahrung im herkömmlichen Sinne zu verzichten und mich nur noch von Prana zu ernähren, habe ich aus freien Stücken und in voller Verantwortung getroffen; meine Erfahrungen und mein Umgang mit dem Thema sind ganz persönlicher und individueller Natur. Ich betone, dass ich niemanden dazu ermutigen möchte, denn dieser Prozess ist ein rein innerer Vorgang, ein Ruf der Seele.

Wichtig ist für mich, dass ich den pranischen Werdegang auf meine einzigartige Art und Weise, so wie es meinem Körper, meiner

Seele, meinem Geist sowie meinen alltäglichen Wandlungen entspricht.

Als Pionierin habe ich mir manche Neologismen erlaubt, beispielweise bezeichne ich die Menschen, die sich von Prana ernähren als Praniker/in.

TEIL 1:

Der 21-Tage Prozess

04.04.2017

In einer Woche beginne ich meinen Lichtnahrungsprozess.

Meine Absicht ist eine definitive Umstellung auf Prana bis zum ersten Mai.

Es ist als Befreiung gedacht und keineswegs als Verzicht im üblichen Sinne: wobei für mich der Begriff „Verzicht" eine freiwillige und überlegte Entscheidung ist, etwas nicht ins eigene Feld hineinzulassen, weil „dieses Etwas" keine Resonanz zum persönlichen Feld beinhaltet. Oder anders ausgedrückt: Das Feld erkennt keine Resonanz mehr in der festen, grobstofflichen Nahrung, denn es hat sich mit einer feinstofflicheren Ernährung vertraut gemacht, die ihm jetzt besser bekommt. Es kann also von vorneherein kein Mangel entstehen, da ein „Ersatz" bereits gefunden oder schon vorhanden ist, nämlich das Licht. Es kann also kein Mangel entstehen, denn Menschen, die sich für die Lichtnahrung interessieren, gehen davon aus, dass sich ein „Plus", ein „Mehr" im qualitativen Sinne einstellen wird.

Verzicht, im Sinne von bewusstem, freiwilligem Verzicht, erfordert einerseits Unterscheidungsfähigkeit, andererseits Entscheidungsfähigkeit zusammen gepaart mit dem Willen und den Möglichkeiten, diese bewusste Wahl umzusetzen und durchzuführen.

Setzen wir uns zuerst mit der Unterscheidungskraft auseinander, begegnen wir der Herausforderung der Selbstbeobachtung hinsichtlich „Was ist für mich sinnvoll, stimmig?", „Womit stehe ich in Resonanz?".

Um solch eine Frage annähernd beantworten zu können, bedarf es einer unmittelbaren Kommunikation mit dem „Inneren Wesen" durch die Gefühle und die Intuition, aber auch durch die Reflektion. In anderen Worten: Die Voraussetzung besteht darin, den Kontakt herzustellen mit dem Inneren Maßstab, mit der Führung der Seele. Sie steht für die höchste Instanz, die die Erinnerung an die

Lebensaufgabe in sich trägt und in Verbindung steht mit der Seelenreise. Sie weiß, was für mich stimmt und sie steht in ständiger Rücksprache mit meinem Bewusstsein durch meinen Mental-, Emotional-, Äther-, und physischen Körper.

In diesem Kontext heißt Verzicht Raum schaffen, um eine weitere, höhere Ebene zu erkunden. Höher im Sinne von hinauf auf der Evolutionsskala, feinstofflicher und lichtvoller. Verzicht bedeutet auch, sich die Freiheit nehmen, etwas abzulehnen, in diesem Fall grobstoffliche Nahrung. Es ist die bewusste Entscheidung, eine qualitativ wertvollere Nahrung zu sich zu nehmen und ins eigene Feld einzulassen. In diesem Zusammenhang kann man dann kaum von „Ersatz" sprechen, denn da wäre Gleichwertigkeit impliziert. Meine Absicht ist aber eine vollständige Umstellung auf Prana, auf eine hochwertige Alternative, wobei durch den Umstieg auf das Licht auf der Schwingungsebene sowie im gesundheitlichen Bereich viel gewonnen wird. Von all meinen Erfahrungen werde ich hier täglich berichten.

Schon als Kind wusste ich, dass der Mensch ohne Nahrung und auch mit viel weniger Schlaf auskommen kann, als allgemein angenommen wird. Dieser Zustand schien mir dringend erstrebenswert, denn die alltägliche Routine wirkte auf mich wie das Laufen in einem Hamsterrad, das die Menschheit in seiner Freiheit und seiner Entwicklung radikal einschränkt und den Menschen dazu verurteilt, sich ewig im Kreis zu drehen. Das wiederum setzt eine ganze Logistik in Gang, von der Jagd nach Wild bis hin zum Einkauf im Luxus-Supermarkt, um nur bei der Nahrungskette zu bleiben. Unsere Gesellschaft basiert darauf, die elementaren Grundbedürfnisse auszuweiten, zu vervielfältigen und sie letztendlich auszubeuten, um so viel Profit wie möglich daraus zu schlagen. Das wiederum bedingt den unausweichlichen Kreislauf von Abhängigkeiten und Konsum, der verschärft wird durch den Zwang zu arbeiten, um gerade eben diese zwangshafte Situation des Konsumieren-Müssens weiter fortsetzen zu können. Eine immer wiederkehrende, ausweglose

Versklavung. Viel Spaß dabei! Man kann nur das Beste daraus machen. Bis man vielleicht eine andere Sichtweise gewinnt und vielleicht doch noch einen kreativen Umgang mit dem Konsumverhalten findet.

Die wahre Nahrung des Menschen, seine Lebendigkeit, ist feinstofflichen Ursprungs, sein Dasein steht grundsätzlich in Verbindung mit den Höheren Dimensionen.

Bereits als Kind, hatte ich das Gefühl, dass etwas anderes nicht nur möglich wäre, sondern auch nachvollziehbar und umsetzbar sein könnte.

06.04.2017

Viele Um- und Irrwege habe ich seitdem kennengelernt. Fasten und Nahrungsumstellung kennt mein Körper schon seit langem. Sie halten ihn jung und frisch, wobei Kenntnisse und gute Selbst-Beobachtung sowie Achtsamkeit dem Körper gegenüber unerlässlich sind.

Vor zwei Jahren hatte ich einen LNP eingeleitet. Das war eine bereichernde Erfahrung, die mir wertvolle Einsichten für die jetzige Durchführung gebracht hat. Einiges werde ich dieses Mal auf andere Weise angehen.

Ich werde Flüssigkeit zu mir nehmen, aber Säfte ausschließen.

Vor einem Jahr habe ich auf vegane Ernährung umgestellt und nehme seitdem vorwiegend selbstgemachte Smoothies zu mir. Dafür verwende ich nur Bio-Früchte und -Gemüse sowie wilde Kräuter aus meinem Garten, Algen, Bitterstoffe und Moringa. In den letzten Monaten habe ich mir vorgenommen weniger und besser zu essen. Eine gewisse Gewichtsabnahme hat sich schon eingestellt. Ein allgemeines Wohlbefinden stellt sich sowohl im Körper als auch im Geiste ein. Ich freue mich sehr auf diese Umstellung auf Prana, die ich mir vollständig wünsche. Der Körper hat in diesem Anliegen jedoch das letzte Wort. Er ist derjenige, der die Entscheidung treffen wird, nur noch von Prana zu leben. Diese kann niemals vom Kopf alleine kommen.

Die Verbindung zum Geistigen ist gleichzeitig sowohl meine Stärke und meine Begleitung als auch mein Ratgeber. Parallel dazu ist es notwendig, die Körperreaktionen zu verfolgen und zu respektieren. Psychologische Entwicklungen werden beobachtet und eingeordnet in einer bestimmten Reihenfolge.

11.04.2017 – Tag 1

Vollmond im Skorpion.

Heute war mein 1. Tag im Prozess der Prana Nahrung. Er verlief gut und fing an mit einer Osteopathie Sitzung, die möglicherweise der Grund war für die Rückenschmerzen, die ich heute ungewöhnlicherweise bekam. Es ist kalt und ich musste mich richtig einpacken. Die heißen Tees haben mir gutgetan und besonders geschmeckt. Ich habe kaum Hunger bekommen. Ich war gut vorbereitet durch meine Umstellung auf lebendige Nahrung und Smoothies im September. Auch geistig habe ich mich richtig gefreut und meine Zellen rechtzeitig programmiert. Ich habe leichte Gartenarbeit durchgeführt und war Einkaufen. Ich habe mir Zeit genommen für den Prozess, so dass ich einiges in Ruhe erledigen konnte. Ich merkte schon eine gewisse Sensibilität in der U-Bahn und im Bus, wenn ich die Menschen beobachtete. Schon seit Monaten sind mir Gerüche und Klänge fast unerträglich, wenn sie disharmonisch und unangenehm sind. Eine Verfeinerung der Sinne hat bereits stattgefunden und die Wahrnehmung von Gedanken, Gefühlen und Stimmungen ist viel subtiler geworden. Die Hellsichtigkeit und die Fähigkeit den „Knoten" zu erfassen sind wesentlich ausgeprägter.

Die Lichtnahrung war wohltuend und sie hat sogar Wärme im Körper erzeugt. Während der Meditation musste ich heftig gähnen, was auf Entspannung und Reinigung hinweist. Große Freude hat mich im Herzbereich erfüllt. Ich hatte mich auch darauf programmiert, und zwar aus zwei Gründen. Erstmals weil Freude und im Besonderen Freude an Spiritualität meine Aufgabe ist. Der Umgang mit dem Licht, seine Aufnahme und das Erleben seiner Wirkung sind für mich ein Lebenselixier. Freude ist auch ein Zeichen der Seele, dass ich mich auf dem richtigen Weg befinde. Wie schon erwähnt, sind die Befreiung von solider, physischer Nahrung und die Reduzierung von Schlaf schon sehr alte Wünsche von mir, und es ist jetzt eine ganz spezielle Möglichkeit und ein besonderer Zeitpunkt, dieses Vorhaben umzusetzen.

Ich habe es mir bewusst so eingerichtet und mich rechtzeitig und ausführlich darauf vorbereitet. Dies alles sind Gründe, um sich zu erfreuen und von dieser tiefen Freude getragen zu werden. Zu meinen Motivationen und Zielen gehört auch mein Beitrag zum Großen Ganzen, zur Evolution der Erde und deren Menschheit und für die wachsende Teilnehmerzahl der pranischen Gemeinschaft, die über die Welt verstreut lebt.

Um die Wärme zu genießen und meine Rückenschmerzen zu lindern, werde ich jetzt ein Bad mit einem speziellen Heilerdezusatz nehmen. Ein Gefühl von Dankbarkeit erfüllt mich am Ende dieses Tages.

12.04.2017 – Tag 2

Immer noch unter dem Zeichen Skorpion, also tiefgründig mit dem Mut oder sogar Antrieb zum Wechsel und der entsprechenden Bereitschaft Zyklen zu beenden, um neue anzufangen. Tod und Wiedergeburt im Rahmen der Evolution durch die Kraft der Veränderung.

Für die innere Reise brauche ich Zeit und Raum. Für die Selbstgestaltung des eigenen spirituellen Territoriums im ganz individuellen Tempo, die zu Entdeckung der ursprünglichen Inspiration und Kreativität führt, im Gegensatz zur Fremdgestaltung der Bedürfnisse und der Zeitplanung des zur Verfügung stehenden Lebens in einem von außen diktierten Rhythmus. Das sind die Gegensätze, die ich einander gegenüberstelle oder manchmal sogar völlig entgegensetze, sodass jeglicher Einfluss von außen sich unter Umständen als reine „Störung“ erweisen kann. Eine Störung, die einen Bruch des eigenen Lebensflusses darstellen kann, eine Entfremdung der eigenen Absicht und Widmung. Natürlich muss man mit solch einer Einstellung darauf achten, dass man nicht misanthropisch wird und dass der nährende und ausgleichende Rückzug nicht zur Flucht von der Welt gerät.

Das Gleichgewicht zwischen Innen und Außen zu wahren, stellt für jede spirituelle Suche eine Herausforderung dar. Im inneren Bereich angelangt, stellt sich dann auch die Frage, worauf man dort trifft: auf unverarbeitete Gedanken und Emotionen, Alltagsprobleme, konkrete Planung und materielle Belange, oder erweitert sich die Perspektive zu einer zusätzlichen Quelle der Eingebung, der Introspektion und der Erkenntnis. Ist der innere Raum ein Begegnungsort mit Ideen und Energien einer Höheren Sphäre, dann gibt es eine Vermählung, die Neues erzeugt und Neues in die Welt bringt, zumindest in den persönlichen Mikrokosmos. Aber alles, was im Kleinen stattfindet, nährt auch den Makrokosmos und umgekehrt durch das einheitliche Quantenfeld.

Physiker und Metaphysiker haben die Erkenntnis gewonnen, dass es kein Innen und Außen gibt. Das ist das große Paradox der unterschiedlichen Schichten der Realität. Auf einer Ebene sind alle Wesen eins, auf einer anderen gilt es, Verantwortung zu übernehmen, für einen Selbst und gleichzeitig in dem Bewusstsein, dass jede Handlung Auswirkungen auf die Gesamtheit hat.

Sowohl-als-auch nimmt immer mehr Platz ein in einer Welt, wo eine Schwingungserhöhung im Irdischen stattfindet und eine Begegnung mit den Höheren Sphären ermöglicht, gerade deswegen, weil letztere eben auch ihre Frequenz vertiefen, um die Erd-Ebene zu überfluten.

Viele Menschen, auch Kinder, die Phänomenen wie Nahtoderfahrungen, Erinnerungen an vorige Leben, Meditation sowie andere veränderte Bewusstseinszustände erlebten, offenbaren sich nun und ziehen sogar das Interesse der Wissenschaft auf sich.

Die Ebenen vermischen sich: der Mönch, der Sannyasin geht in der Welt unbeirrt seinen Weg, dafür unternimmt er immer wieder Slalom zwischen den Schichten, um in beiden Feldern gut zu leben und sich entfalten zu können.

Die Nacht war gut. Spirituelle Musik von A.A. fand ich sehr nährend. Auf der physiologischen Ebene hatte ich Stuhlgang. Jetzt habe ich das Bedürfnis mich zu bewegen.

Die Meditation führe ich zwei Mal täglich durch, und ich pflege eine ruhige, friedliche und harmonische Grundstimmung. Heute habe ich einiges erledigt und war viel in der Stadt unterwegs. Ich bin durchlässig und aber nicht überempfindlich – ein Zustand, den ich auch gelegentlich von mir kenne. Von einer schönen, liebevollen Umgebung kann ich viel aufnehmen, als ob ich mich von den Blumen und blühenden Frühlingsbäumen im Botanischen Garten ernähren könnte. Harmonische Nahrung bekam ich auch von einem verliebten jungen Paar, das fröhlich und liebevoll im prächtigen Garten voller Blüten verweilte. Für Schönheit, Farben und angenehme Emotionen bin ich immer empfänglich, aber heute, im Botanischen Garten, schienen die Gewächse meiner Aura unmittelbar eine feinstoffliche Nahrung zu liefern.

Wie bereits gestern empfand ich heute noch intensiver und über einen längeren Zeitraum eine tiefe Freude, die mich zu Tränen rührte. Gerade in diesem Augenblick wird es mir bewusst, dass ich in den letzten Zeiten das Erleben dieser reinen Emotion eher selten verspürt habe. Zufriedenheit ja, Vorfreude auf den Prozess ja, aber diese Tränen der Freude sind lange ausgeblieben. Danke, dass sie wieder da sind! Ich könnte sogar von Glückseligkeit sprechen, so intensiv und unmittelbar ist die Empfindung.

Körperlich habe ich leichte Spannungen im Bereich der Lendenwirbelsäule. Vielleicht als Folge der osteopathischen Behandlung, denn ich habe lange Zeit dort kein Unbehagen erlebt. Bei der Durchführung der Meditation muss ich wieder intensiv gähnen wie schon seit der ersten Durchführung. Eine merkwürdige

Beobachtung, die ich heute Morgen beim Anhören der Musik machte, war eine Verbesserung meiner Hörfähigkeit des linken Ohres, so dass nun beide Ohren gleich gut funktionieren. Das werde ich aber nochmals gründlich testen.

Ich empfinde wenig Hungergefühl. Die lange und gründliche Vorbereitung auf den Prozess hat meine Zellen bereits programmiert.

Abends kommuniziere ich mit H.M. Er gibt mir gute Empfehlungen und hat meinen Drang nach Bewegung bestätigt. Es sei wichtig, viel zu trinken und ausreichend Bewegung zu haben, so dass die Entgiftung und Ausleitung von Stress, Giften und Schwermetallen aus den Muskeln und den Gelenken aktiv unterstützt wird. Diese Maßnahmen kenne ich von meiner Arbeit als Krankenschwester in der damaligen Bircher-Benner Klinik.

Jetzt aber spüre ich Müdigkeit und werde mich früh zurückziehen.

13.04.2017 – Tag 3

Während der Nacht musste ich öfters Wasser lassen. Ansonsten langer, tiefer Schlaf, wobei ich einmal vom Hungergefühl geweckt wurde. Ich konnte es sofort mit einigen Schlucken Wasser stillen.

Heute wieder körperlich sehr aktiv, was mir guttut, aber ich habe ein starkes Bedürfnis nach Ruhe und Frieden.

Erdung und Vitalität sollen unterstützt werden, um das Gefühl, den Körper zu verlassen, auszugleichen.

Ich habe leichte Herz-Rhythmus-Störungen, wie ich sie schon kenne vom letzten Prozess. Wenn ich meinen gesamten Zustand harmonisiere, wird mein Herz ruhiger.

Ich habe Durst und trinke gerne und viel, freue mich sogar riesig auf einen feinen Kräutertee. Ich trinke gerne heiß oder warm, weil das Wetter kalt ist. Die Kälte macht mir zu schaffen, und ich muss darauf achten, dass ich mich warm genug anziehe.

Meine Zunge ist ein wenig belegt und die leichten Kopfschmerzen von gestern Abend sind verschwunden. Die Schmerzen in den Muskeln sind leicht zu vertreiben mit Bewegung und Flüssigkeit.

Ich mag und schätze mich mehr als sonst. Ich habe Vertrauen und alles scheint mir einfach.

Ich empfinde das Bedürfnis, nicht nur mich gründlich zu reinigen, sondern auch meine Wohnung, die ich unbedingt ordentlich haben will. Ich entdecke eine neue Verbindung zur Ordentlichkeit, nicht nur im üblichen Sinne, sondern in dem Wissen über die geordnete Anordnung, in der alles stimmig ist, wie es ist, weil alles seinen Platz hat.

Gelegentlich tauchen Bilder und Empfindungen von Misshandlungen auf, die ich in anderen Inkarnationen erlebt habe. Sie verflüchtigen sich, tauchen aber bald wieder im Bewusstsein auf. Sie plagen mich keineswegs, sind jedoch präsent.

Mein momentaner Zustand erinnert mich an die Zeit, als ich aufgehört habe zu rauchen. Eigentlich geht es auch jetzt darum, mich wieder von einer Sucht zu befreien.

Nachdem ich morgens sehr beschäftigt war mit Waschen und Ordnung schaffen, habe ich das Bedürfnis mich zu reinigen, die Ohren, die Nase, die Zunge und den Darm. Als Naturheilkrankenschwester und durch die viele Ausbildungen im spirituellen Bereich habe ich einen fundierten Wissensschatz, der mir sowohl auf der grobstofflichen sowie auf der feinstofflichen Ebene zugutekommt. Auf diese Weise kann ich die unterschiedlichen Aspekte beobachten, miteinbeziehen und behandeln. Die genaue Beobachtung ist äußerst wichtig, denn sie ermöglicht es, zu erfahren in welchem Stadium ich mich befinde, Bedürfnisse herauszufinden, sie zu erfüllen und auszugleichen und Schlüsse zu ziehen.

Ich bin dankbar, dass ich gelernt habe einen Einlauf durchzuführen. Das ist eine einfache Prozedur, die sorgsam ausgeführt werden sollte, denn es gibt ein paar wichtige Punkte, die zu berücksichtigen sind. Jeder Mensch sollte diese Art der Reinigung kennen, die sich als heilsam für viele Beschwerden erweist: von Kopfschmerzen bis fahlen Teint, bei Erkältung und allgemeinem Unwohlsein. Eine hervorragende Hilfe zur Selbsthilfe. Aber wer will sich schon mit Ausscheidung beschäftigen in so einer sauberen Gesellschaft? Lieber ein paar Pillen schlucken und teure Untersuchungen über sich ergehen lassen, um herauszufinden, wo der nächste Krebs im Körper wohl auftauchen könnte, nicht wahr? Das ist keine Prophylaxe, sondern ein Heraufbeschwören, dass der Körper doch kaputt gehen und krank werden sollte. Nicht meine Realität! Wie schon erwähnt, ist Beobachtung immens wichtig. Regelmäßig begutachte ich meinen Urin, und es zeigt sich deutlich, dass die Entgiftung im Gange ist. Ich trinke vermehrt, bis die Farbe des Urins hellgelb bis fast farblos wird.

Im normalen Alltag ist es auch sinnvoll, die Trinkmenge dem persönlichen Bedarf anzupassen und nicht systematisch 2 bis 3 Liter zu trinken, wie es pauschal empfohlen wird. Der Mensch ist ein individuelles Wesen und reagiert auch entsprechend individuell, abhängig von Größe, Wetter, körperlicher Belastung und vielen anderen Funktionen. Indem man die Farbe des Urins beobachtet, kann man selber und ganz persönlich die Flüssigkeitseinnahme anpassen, so wie sie für diesen einzigartigen Menschen im Hier und Jetzt richtig und stimmig ist. Vor lauter „viel trinken" scheiden die Leute Mineralien und Spurelemente aus. Dann kann man sie künstlich wieder zuführen. Gut für die Pharmaindustrie. Warum nicht den Zeichen des Körpers folgen? Dein Körper spricht ständig mit Dir! Reines, filtriertes Wasser ist wesentlich besser als andere Flüssigkeiten, aber das ist ein Thema für sich.

Am Nachmittag fühle ich mich müde und empfinde das Bedürfnis nach Ruhe und Frieden. Ich höre der Musik von A.A. zu und fühle mich spirituell genährt.

Heute habe ich meinem LNP einen Blumenstrauß in zartgrünen Tönen, Magenta und rosa gewidmet. Die Farben kann ich auf folgende Weise deuten: hellgrün für den neuen Anfang in Licht und Wahrheit. Das ist der kompromisslose Weg von Hilarion, strenger Lehrer, der aber die Schülerin großzügig belohnt, wenn sie die Lektion verstanden hat. Er steht selbst unter dem astrologischen Einfluss von

Saturn, der uns an den Weg erinnert, den sich unsere Seele ursprünglich vorgenommen hat. Magenta drückt göttliche Liebe und Heilung aus. In dieser Farbe liegt auch das Ideal, das höchste Bild, das die gegenwärtige Inkarnation erreichen möchte im Einklang mit dem Weg, der die Essenz zwischen Alpha und Omega verfolgt. Rosa steht für die allumfassende Liebe, die Liebe zu allen und zu allem. Die einzelnen Blüten habe ich mit ihrem Einverständnis unterschiedlich eingeordnet, so dass unterschiedliche Levels des Bewusstseins vertreten sind. Denn bei diesem Prozess geht es grundsätzlich um Gewahrsein und Bewusstsein in verschieden Bereichen, aber auch um einen besonderen Schritt von einer Schicht in die nächste. Der Strauß ist hoch angelegt und dehnt sich weit hinaus, weil er sich in einer Vase mit einem breiten Fuß und einer kleineren Öffnung befindet. Die magentafarbenen Anemonen zeichnen eine Art Spirale, die nach oben strebt, eingebettet im grünen und hellgrünen Hintergrund. Ganz oben thronen die hellrosa Blüten. Zwei hellgrüne Nelken mit zarten Streifen auf den Blütenblättern stehen hoch im Vordergrund und verbinden sich mit einer einzelnen Nelke gerade bei der Öffnung der Vase. Alle drei Nelken bilden ein Dreieck und versinnbildlichen die Verbindung zwischen meiner Führung und mir. Da ich seit kurzem mit Pflanzen kommunizieren darf, erfahre ich, dass eine der beiden weißen von zarten violett umrandeten Ranunkeln sich zu eng in der Vase fühlt und lieber nur für sich in einer kleinen Vase separat stehen will. Dieser Strauß steht als Symbol für meinen Prozess durch seine Farben und durch die Form und die Anordnung seiner Blüten. Noch etwas möchte ich gerne hinzufügen: Nelken besitzen eine hohe Schwingung und ermöglichen die Verbindung und die Kommunikation zu höheren Ebenen.

Auch früh am Abend bin ich müde und gehe zeitig zu Bett.

14.04.2017 – Tag 4

Die Nacht war lang, aber unruhig, da ich durch Herzrasen geweckt wurde. Das kannte ich vom letzten Prozess und auch von Situationen, die mich gelegentlich plagen und aufregen, entweder durch ihre

Ungerechtigkeit oder ihre Schändlichkeit – wie Krieg, Prostitution oder absichtlich verbreitete Armut. Lavendelöl hilft mir wieder einzuschlafen.

Beim Aufstehen ist es aber klar, dass der Kreislauf in Mitleidenschaft gezogen wird und der Blutdruck im Keller ist. So sehr, dass ich kaum stehen kann. Beim Versuch Kaffee zu kochen, bekomme ich einen Schweißausbruch und verliere alle Kräfte. Ich lege mich auf den Boden und lege die Beine hoch. Das hilft so weit, dass ich zum Küchenschrank gehen kann, eine Prise Salz zu mir nehme und den Kaffee bereite.

Nachdem sich mein Kreislauf etwas stabilisiert hat, verspüre ich sofort das Bedürfnis, in den Park hinauszugehen.

Anfänglich eher noch schwach, gewinne ich durch die Bewegung zunehmend an Kraft. Ich entdecke einen Schwan, der sein Nest nahe am Ufer gebaut hat. Noch nie zuvor habe ich einen Schwan im Nest brüten sehen und bin davon ganz beeindruckt. Ich werde ihn öfters besuchen, natürlich ohne ihn zu stören. Am Straßenrand bemerke ich Maiglöckchen und würde gerne ein paar Stiele pflücken, sobald sie anfangen zu blühen.

Wieder zu Hause führe ich die Meditation durch, die meine Umstellung unterstützt und mir die Prana Nahrung zuführt. Die heißen Tees tun mir gut und vor allem geben sie mir die Wärme, die mir deutlich fehlt. Es ist Ostern und es ist noch kalt. Bestimmt habe ich Gewicht verloren und das macht mich für die Kälte empfindlich.

Die Katze, die sich schon seit Monaten im Viertel herumtreibt und von unterschiedlichen Nachbarn gefüttert wird, besucht mich seit kurzem. Sehr deutlich kommuniziert sie ihre Wünsche telepathisch aber auch durch ihr Verhalten, ihr Fauchen. Gleich als wir uns kennen lernen, merke ich in ihrer Aura, dass sie krank und geschwächt ist. Seit einer Woche behandle ich sie. Nach ersten Annäherungsschwierigkeiten hat sie jetzt auf meinem Schoß auf der Terrasse geschlafen. Wir haben es beide sehr genossen, aber als es mir kalt wurde und ich aufstand, um in der Wohnung die Heizung anzustellen, musste ich ihren heilsamen Schlaf unterbrechen, worauf sie ärgerlich reagierte und laut miaute.

Bin ich durchgefroren!

Die Inspiration empfiehlt mir die Verwendung meines Antimonit-Stabes, um meine Aura zu reinigen, und meinen immer noch etwas erhöhten Puls zu beruhigen, was sich als hilfreich erweist. Der Stein wirkt auch erdend. Dann erhalte ich den Hinweis, meine Atmung im Bauch auszudehnen. Nach und nach verbessert sich mein Zustand. Alles hat teilweise geholfen, jedoch ist um 17:30 Uhr der Herzrhythmus immer noch sehr schnell, was mich leicht flatterig macht. Zudem behandle ich mich mit der violetten Farbe und übertrage energetisch eine Bachblüten-Schwingung.

Die Tachykardie ist immer noch da. Ich nehme mehr Salz und behandle mich mit der Farbe Schwarz. Sofort fühle ich eine Erleichterung und das Herzrasen wird weniger.

Ich habe meine körperlichen Übungen durchgeführt und Nase, Darm, Zunge gereinigt.

Ferner verspüre ich den Drang, meine Sachen zu ordnen. Das finde ich erstaunlich, weil ich nicht unordentlich bin. Alles hat hier seine Ordnung. Aber es gibt immer wieder Kleinigkeiten, die ich neu oder passender ausrichte. Seit Anfang des Prozesses hat sich dieser Fimmel bei mir entpuppt. Ehrlich gesagt, ich freue mich auf die Phase, wo ich die ganze Wohnung mit effektiven Mikroorganismen (E.M.) reinige, bis alles in meinem Sinne strahlt.

Die unangenehmen Gedanken, die sich auf vorige Leben bezogen haben, sind verflogen. Ich empfinde keinerlei Hungergefühl und zeige auch kein Interesse für Nahrung.

Heute Abend bin ich wesentlich länger auf und spüre erst spät ein wenig Müdigkeit, im Gegensatz zu den letzten drei Tagen, wo ich schon früh erschöpft war. Das Herzrasen hat sich beruhigt.

Ich fühle mich sehr wohl, was sehr erfreulich ist, im Vergleich zu meinem Zustand beim Aufstehen.

15.04.2017 – Tag 5

Die Tachykardie hat mich den ganzen Tag begleitet, aber auf eine weniger intensive Weise (als gestern). Die Musik „Die Stimme des Herzens“ von A.A., sowie die Anwendung des Antimonits tun mir gut. Ich trage auch die Programmierung für die „Drei Ebenen des Herzens“, das Physische, das Emotionelle und das Spirituelle Herz.

Ich bin kälteempfindlich, ungewöhnlich für mich und brauche warme Kleidung, Heizung und Wärmflasche! Es ist auch wirklich kalt.

Leichte Rückenschmerzen tauchen auf, die die Salben (Beinwell oder Arnika Öl) nicht wirksam erleichtern. Vor dem Zubettgehen werde ich ein Bad mit einer speziellen Heilerde nehmen. Vor allem beim Lesen macht sich eine leicht verschlechterte Sehfähigkeit bemerkbar, was ich als Zeichen des Entgiftungsprozesses werte.

Am Nachmittag verspüre ich eine gewisse Müdigkeit, die sich aber nach einer Ruhephase verflüchtigt hatte. Danach war ich umso aktiver im Keller tätig und hole all die Literatur hervor, die ich vor zwei Jahren über den LNP gesammelt hatte.

Außerdem habe ich den Botanischen Garten besucht. Musik, Blumen und Pflanzen nähren und begeistern mich.

Ich programmiere Trinkwasser auf eine „Definitive Reaktivierung der Lichtnahrung auf allen Ebenen: physisch, ätherisch, emotional, mental, geistig und spirituell bis zum 1. Mai auf sanfte und sichere Weise. Danke“. In der Tat bin ich vom Begriff der Einrichtung oder Installation des Pranas weggekommen, denn das Licht ist immer und überall vorhanden, wir baden darin und sind Teil davon. Es geht um eine Wiederverbindung, um eine schon vorhandene Funktion und nicht um etwas Fremdes, was neu eingebaut wird.

Ab morgen beginne ich auch mit einer Gewichtsprogrammierung, so dass ich nicht allzu viel Gewicht verliere, denn ich habe nicht so viele Reserven.

Glücklich und dankbar, dass ich den Prozess endlich mache, fühle ich mich geführt und geschützt.

16.04.2017 – Tag 6

Während der Nacht wurde ich von starkem Herzrasen geweckt. Die Tachykardie ist nach dem Aufstehen noch stärker. Ich nehme meine Bedürfnisse wahr und gehe auf sie ein. Ich behandle mich energetisch und radionisch. Ich kann meinen Zustand genau verfolgen und weiß, dass alles im Rahmen ist.

Ich verliere Gewicht, wie es in diesem anfänglichen Stadium normal ist. Ich merke ein Hämatom an einer Stelle, die immer wieder empfindlich und schmerzhaft war – obwohl ich dort keine sichtbare Verletzung habe. Jedoch ist ein kleines Trauma in der Zellerinnerung gelagert.

Dies gehört zu den Prozessen der ersten Woche: gespeichertes physisches Unbehagen wird sichtbar und spürbar – und aufgelöst.

Meine Räume leuchten, und sogar der Keller, woher ich die Wäsche hole, kommt mir strahlend vor. Meine Wahrnehmung wird vom Prana gereinigt und verändert sich.

Gleichwohl verfüge ich über viel Kraft und verspüre deutlich das Bedürfnis nach Bewegung. Draußen ist es kalt und es regnet. Trotzdem freue ich mich auf einen schönen, zügigen Spaziergang.

Gerade als ich anfange mich entsprechend anzuziehen, ruft mich meine Schwester an. Vor drei Wochen hatten wir ein tiefes Gespräch geführt, ein paar unserer Differenzen geklärt und eine erfreuliche Versöhnung erreicht. Seitdem hat sich unser Vertrauensverhältnis wesentlich verbessert, was mein Herz sehr erleichtert hat. Heute erzählt sie viel über sich und ihre Kinder. Dann fragt sie mich, wie es mir im Moment geht. Ich erzähle ihr über mein LNP. Sie zeigt Interesse, urteilt nicht und versteht, dass es für mich wichtig ist. Es gab Zeiten, wo ich ihr nichts erzählt hätte, was mich wirklich bewegt und mir wichtig ist und irgendeine oberflächliche Antwort gegeben hätte. Sie hatte lange Zeit eine sehr kritische Einstellung gegenüber mir und meinem Weg. Jetzt fragt sie mich um meine Meinung in lebenswichtigen Bereichen und nimmt sogar Empfehlungen an. Eine sehr erfreuliche Situation. Ich muss sie fast bremsen, denn wir sprechen schon recht lange und mich hält es kaum mehr zu Hause.

Ich muss meine Energie endlich abgeben und brauche einen langen Auslauf im Park.

Wie schon erwähnt, fühle ich mich kraftvoll, ja sogar mit einem Überschuss an Energie, die ich beim Laufen ausleben kann. Energisch schreite ich voran, als meine Innere Führung sich telepathisch meldet. Einiges muss ich einsehen, danach wird ein tiefer Frieden über mich kommen. Ich erhalte so etwas wie eine Zusammenfassung von den Eindrücken der vorigen Tage, besonders was die Misshandlungen betrifft, die ich in früheren Inkarnationen erlebt hatte. Die zelluläre Erinnerung an diese Folter drückt sich durch Überaktivität meines Herzmuskels aus. In der Tat ist es Teil dieses Stadiums innerhalb des Prozesses, dass Erlebnisse, die zu verarbeiten sind, im Bewusstsein auftauchen. Eigentlich ist es fast zu früh, denn in der ersten Woche werden eher rein körperliche Reaktionen erwartet. Dennoch erfahre ich gleich die Zusammenhänge.

Und noch mehr an interessanten Verbindungen werden mir bewusst. Jetzt wird mir erklärt, dies hänge in meinem Fall mit meiner langen Arbeit an mir selbst und mit meiner therapeutischen Aktivität zusammen. Das zweite Trauma, das mit dem Herzrasen verbunden ist, hat mit pränatalen Erfahrungen zu tun. Mir wird gezeigt, wie die Ereignisse und die Stimmung zwischen meinen Eltern damals meine Zellen geprägt haben. In der Tat kann ich aus dem Wissen aus Regressionen, den Erzählungen meiner Mutter und den durch Therapien gewonnenen Einsichten, die jetzige Enthüllung bestätigen. Ich erfahre auch noch, dass meine Seele sich dieses Elternpaar absichtlich gewählt hat, um eine gründliche Heilung zu bewirken, was eben gerade durch diese Arbeit vervollständigt wird.

Die Tachykardie beruhigt sich, ist aber nicht vollständig weg. Ich kehre nach Hause zurück – und da erwartet mich eine Überraschung.

Wer steht im Garten? Die dreifarbige Katze, inzwischen von mir „Mimin“ genannt. Sie spaziert herein und nimmt meine Einladung an, auf meinem Schoss zu sitzen, zum ersten Mal in der Wärme meiner Wohnung. Meine Behandlung tut ihr gut und ihre Aura erweitert sich. Sie genießt und schnurrt wie noch nie. Zu Beginn unserer

Bekanntschaft war sie sehr geizig mit dem Schnurrer. Ich hatte sie sogar „Die Katze, die nicht schnurrt" genannt. Hier auf meinem Schoss ist sie allerdings sehr nachdenklich und schaut sich die Wohnung aus dieser vorteilhaften Position gründlich an. Nach zwanzig Minuten geht sie zur Tür und versucht diese mit ihrer Pfote zu öffnen. Und Tschüss!

Dann kommt eine Entspannung für mich. Ich bin müde und ein wenig ausgelaugt von dieser inneren Arbeit und von meinem überaktiven Herz. Ich mache es mir auf meinem Bean Bag bequem, decke mich ab, um warm und geschützt zu sein. Ich erfahre, dass mir noch eine Tatsache enthüllt werden wird, die mit der Ursache für die Tachykardie zusammenhängt. Dafür ist es aber notwendig, das Gewahrsein hinunterzufahren. Also begebe ich mich in eine tiefe Meditation. Ich schlafe und ich träume nicht.

Der Tag verläuft friedlich. Ich nehme viel Flüssigkeit zu mir. Das Hungergefühl ist wohl verschwunden und das Herz beruhigt sich allmählich. Ich prüfe, ob ich mich energetisch noch weiter unterstützen kann.

Während des Prozesses arbeite ich wenig mit Klienten, hauptsächlich mache ich Fernübertragungen mit telefonischen Rückmeldungen.

Gerade jetzt hat eine sehr zufriedene Mutter angerufen. Ihr Sohn spricht gut auf die Arbeit an.

17.04.2017 – Tag 7

Der Schlaf war kürzer und erholsam: sechs Stunden.

Ich fühle mich leicht und fit. Das Herzrasen ist noch nicht ganz verschwunden. Der Darm ist vom Prana gründlich gesäubert und geleert worden.

Ich arbeite auf dem Emotionalkörper mit der Radionik, so dass er gereinigt wird.

Zum ersten Mal seit ein paar Tagen fahre ich in die Stadt und bin überrascht, wie gut ich mich dort fühle, sozusagen wie immer. In den ersten Tagen wollte ich mich schonen, weil meine Erdung nicht so ordentlich war, und ich mich deshalb für ein wenig empfindlich befand. So wollte ich mich nicht der Großstadtstimmung aussetzen. Jetzt bin ich stabil.

Ich beschäftige mich viel zu Hause und erledige vieles, was im Alltag sonst unbearbeitet bleibt. Ich empfinde eine besondere Zufriedenheit, meine persönlichen Arbeitsunterlagen zu sortieren und einzuordnen, denn sie erleichtern mir meine Forschung. Meine Aufzeichnungen sind individuell und wären zum großen Teil für Außenseiter gar nicht nachvollziehbar. Entstanden aus langjähriger Erfahrung und dem Ansammeln von Informationen zusammengestellt, sehen sie tatsächlich sehr esoterisch aus. Aber sie helfen mir, in kürzester Zeit Störungen in den feinstofflichen Körpern ausfindig zu machen und deren Lösungen zu eruieren.

Die Stimmung ist heute insgesamt friedlich und ein wenig nachdenklich. Ich freue mich sehr auf den Prozess: Er ist ein Abenteuer und bewirkt, dass die eigenen Grenzen gesprengt werden, um auf eine höhere spirituelle Ebene zu gelangen und eine ganz andere Lebensführung zu entdecken.

Die alten Muster funktionieren nicht mehr – weder auf persönlicher noch gesellschaftlicher Ebene.

18.04.2017 – Tag 8

Der Tag beginnt mit gesundheitlichen Themen. Während der Nacht hat es geschneit, und ich spüre den Einfluss des Schnees immer sehr deutlich.

Gleich beim Aufwachen merke ich, dass der Kreislauf schwach und der Blutdruck sehr niedrig sind. Das Geradestehen fällt mir schwer. Mit Mühe schaffe ich es in die Küche und helfe mir mit Yogi Tee, um den Yang zu aktivieren und mit Vetiver-Öl, um mich zu erden und stärken. Ich erinnere mich an meine sehr „ätherischen“ Phasen, wo ich Vetiver regelrecht hasste. Heute Morgen duftet dieses Öl nicht nur interessant, sondern auch angenehm und vor allem wohltuend.

Es ist für mich eine bezaubernde Entdeckung. Allmählich fühle ich mich besser, aber es braucht seine Zeit, bis ich aufrecht stehen kann und herumgehen kann.

Endlich kommt der Kreislauf wieder im Schwung und ich kann meine alltäglichen Sachen verrichten. Unter anderem ausgiebig lüften und räuchern. Wer stattet mir wohl einen Besuch ab? Nach kürzester Zeit steht Mimin in der ebenerdigen Wohnung. Meistens sehe und höre ich sie erst einmal nicht, und stoße deshalb einen leichten Überraschungsschrei aus. Aber sie kennt mich jetzt inn- und auswendig und lässt sich nicht erschrecken. Ihr Besuch dauert nur kurz, denn sie wird wieder durch ihre Leute gefüttert, und was ich für sie gekauft habe, bleibt liegen. Ich behandle sie weiter radionisch und ihr Zustand verbessert sich zusehends.

Der Schnee ist weg und die Sonne scheint. Also Tschüss, ich muss raus und mich bewegen. Auch gut für den Kreislauf.

Der energische Spaziergang war sehr belebend. Während des Prozesses macht mir die Kälte zu schaffen. Das ist normal, denn die Verdauungsprozesse geben Energie und Wärme frei, wie man es z. B. feststellen kann, wenn man spät isst.

Dies wurde für mich unmöglich, weil ich von der dadurch produzierten Hitze geweckt und unangenehm wachgehalten wurde, so dass ich gänzlich auf späte Mahlzeiten verzichten musste. Weil mein Organismus noch nicht vollständig auf Lichtnahrung umgestellt ist, ist die Auseinandersetzung mit der Kälte aktuell. Auch ist in der Wohnung die Heizung wesentlich wärmer eingestellt als im tiefsten Winter üblich.

Auf der spirituellen Ebene hat sich einiges getan. Im hypnagogischen Zustand erschienen mir ein Wolf und eine Spinne. Der Wolf lief von rechts nach links, eher gemächlich, ohne mir jegliche Aufmerksamkeit zu schenken. Kurz darauf erschien eine sehr schöne Spinne, die leuchtend aussah und zu der ich unmittelbar eine starke Verbindung spürte. Dies sind meine beiden Krafttiere. Ihre Einstellung erlaubt festzustellen, ob die Instinkte mit dem Prozess einverstanden sind. Da sich beide friedlich verhalten haben, sind sie das und ich darf sie um Unterstützung bitten.

Der Wolf steht für Freiheit, Familie und Clan. Die Spinne ist die Spinnerin der Welt. Sie ist ein äußerst wichtiges Tier, denn sie „spinnt" meine Realität. Numerologisch ist sie der Acht zugeordnet. Sie steht für die Ewigkeit und für die Unsterblichkeit. Immer schon hatte ich einen Zugang zu Spinnen gehabt und hielt unterschiedliche Sorten im Terrarium, als ich 30 Jahre alt war. Sie sind die einzigen Tiere, die sich absolut überall aufhalten können, von Grotten bis zur Stratosphäre. Es gibt sehr viele unterschiedliche Arten, und viele, die noch nicht eingeordnet sind. Sie sind sehr anpassungsfähig. Z. B. besitzen diejenigen, die tief in der Erde leben, keine Augen. Mein großes Interesse für sie trieb mich sogar dazu, Mitglied der „Royal Society for Arachnology" zu werden. Wissenschaftlichen Beitrag habe ich keinen geleistet, war aber sehr angetan, dass andere Interessierte sich in einem Verein zusammengeschlossen haben. Zu Hause, wenn sie im Herbst und Winter die Zimmer bewohnen, freue ich mich über sie, denn sie sollten Glück bringen und nur Gebäude mit gutem Raumklima wählen. Ich beobachte sie gerne, denn sie sehr subtil, reagieren auf Lärm und andere Veränderungen in der Umgebung. Leider gibt es beim Frühlingsputz eine Rausschmeiß-Aktion, wenn sie sich nicht bereits früher dazu entschlossen haben, die Natur wieder als Wohnort auszusuchen.

Nebenbei habe ich beobachtet, dass meine Arbeit mit der Radionik sich intensiviert und verbessert hat. Meine Wahrnehmung der Aura ist noch ausführlicher und gründlicher geworden.

19.04.2017 – Tag 9

Heute Morgen ist mein Zustand wesentlich besser, aber meine gewöhnliche Kraft fehlt mir, und mein Herz pocht immer noch zu kräftig, auch wenn es zu einem gewissen Maß angemessener schlägt. Darüber hinaus bin ich jetzt weniger kälteempfindlich. Eigentlich wird die Durchführung des Prozesses beim warmen Wetter empfohlen, weil der Gewichtsverlust immer von einer übersteigerten Kältesensibilität begleitet wird. Ich hatte wirklich auch nicht damit gerechnet, dass es zu Ostern schneien würde.

Nun tritt etwas ganz Ungewöhnliches auf: Seit Jahrzehnten habe ich mich immer auf meinen Kaffee gefreut, und habe mir einen wilden Kaffee aus Äthiopien ausgesucht. Mild und geschmackvoll ist dieser wilde Kaffee. Aber heute Morgen ist die Lust dazu nicht da. Mein Körper verzichtet darauf, braucht ihn nicht, will ihn nicht. Der Kaffee-Entzug kann sehr unangenehm sein und unter Umständen schlimme Kopfschmerzen verursachen. Ich habe in der Bircher-Benner Klinik viele Patienten im Entzug begleitet. Sie haben sehr darunter gelitten, nicht nur stunden-, sondern tagelang. Ich ziehe den Schluss daraus, dass Kaffee, natürlich in größeren und regelmäßigen Mengen, ein Suchtmittel ist. Kaffee ist auch ein Alkaloid. In diesem Sinne bin ich darauf gefasst, dass Kopfschmerzen sich bald einstellen werden. Aber ganz im Gegenteil, der Tag verläuft immer besser, nicht nur schmerzfrei, sondern die Kräfte kehren wieder und gegen Ende des Tages fühle ich mich richtig wohl.

Am Nachmittag verbringe ich mehrere Stunden in der Stadt. Ich treffe eine Freundin, die mich fragte, wie ich Ostern verbracht habe. Ich habe mein Vorhaben, den LNP durchzuführen, nur sehr wenigen Menschen preisgegeben, und ich werde mit Sicherheit nicht darüber reden ohne sinnvollen Anlass, aber ich beantworte jede Frage ehrlich und würde auf keinen Fall irgendeine Geschichte basteln, nur um die Erwartungen der Leute zu erfüllen. Der LNP ist eine der wichtigsten Entscheidung meines Lebens und ich habe mich damit jahrelang beschäftigt, zwei Jahre lang darauf vorbereitet und diese Zeit mit großer Sehnsucht und Entscheidungskraft erwartet. Ich stehe vollkommen dazu. Deshalb gebe ich eine einfache, kurze und authentische Antwort auf Brigittes Frage. Zuerst versteht sie nicht, was ich ihr erkläre. Eigentlich hat es nichts zu tun mit Verstehen oder Intelligenz, sondern mit den Scheuklappen, mit der Formatierung, mit den tief eingegrabenen Glaubenssätzen. Als ich versuche weiter zu erklären, kann ihr Speicher das nicht mehr aufnehmen und dann schaltet sie auf "Ratgeber".

Heute bin ich in Gedanken mit meiner Familie, genauer gesagt mit meinen Ahnen, beschäftigt. Ich hatte das Glück, sowohl meine Urgroßeltern und meine Großeltern erleben zu dürfen. In der Erziehung habe ich viel Freiheit genossen, und ich wurde häufig nach meiner Meinung gefragt, welche Sprache ich studieren wollte, ob ich zur Universität gehen wollte... Und als ich mit 18 nach dem Abitur ankündigte, dass ich jetzt bereit war, in die große weite Welt zu ziehen, nämlich nach England, traf ich auf Verständnis und Unterstützung.

Heute sehe ich ein, wie viel mir meine Familie mitgegeben hat. Ich bin ich sehr berührt und bedauere mein harsches Urteil über sie. Sehr lange Zeit habe ich nur die Stolpersteine betrachtet. Vielleicht resultiert dies aus den therapeutischen Erfahrungen, die ich gemacht habe. Vielleicht basiert es auch auf einer sturen Haltung meinerseits. Seit meiner frühsten Kindheit erinnere ich mich, dass ich jedes Verbot oder jede Entmutigung gerade als Ermutigung dafür nahm, unbedingt genau das erreichen zu wollen – ob es zwei Tage dazu brauchte oder zwanzig Jahre. Sprüche wie „Das schaffst du nicht, das kann man nicht machen, das geht nicht!", sind gerade die größten Impulse, die man mir geben kann, um meine Entschlossenheit in Gang zu setzen. An solche Sprüche meiner Großeltern kann ich mich gut erinnern. Nicht aber von meinen Eltern, die mir durch ihre gegensätzlichen Wesen doch so viel mitgegeben haben: die Intuition, das Gefühlsvolle, die Liebesfähigkeit, das Mitgefühl aber auch die Liebe zur Natur, ihren Pantheismus. Mein Vater war Autodidakt und unglaublich vielseitig, Intellektueller und Künstler, sowie politisch aktiv, bis er sich in seinen späteren Jahren für Schamanismus interessierte.

Die Tatsache, dass meine Familie keinen Zugang zur Spiritualität hatte, war für mich lange Jahre eine Quelle der Frustration. Dafür hatten sie Zugang zu anderen Dingen! Die Frauen eher zu pragmatischen Bereichen, die Männer hatten öfters eine Pionierrolle übernommen. Sie alle gehörten zum Strom der Erneuerung, damit die Evolution im Gang bleibt. Jetzt, und heute im Besonderen, erkenne ich, wie richtig es war, diese Eltern zu wählen und in dieser Familie geboren zu sein. Dafür danke ich ihnen allen aus der Tiefe meines Herzens. Dankbar bin ich auch dafür, dass sie keinen Widerstand leisten in meinem LNP, was durchaus auch aus dem Jenseits möglich wäre.

Im Gegenteil: ich sehe sie lächeln und zustimmend, und dass sie sich mit mir freuen, einerseits aus Toleranz, anderseits weil sie mich in meiner Entscheidung respektieren.

20.04.2017 – Tag 10

Heute gibt es eine deutliche Veränderung: Die Kräfte kommen zurück und das Herzrasen hat sich beruhigt. Der Darm hat sich entleert – womit ich am 10. Tag nicht mehr gerechnet hätte. Aber der Metabolismus läuft weiter, also gibt es immer noch Abfall zu entsorgen.

Vieles kann ich heute mit klarem Kopf erledigen.

In den letzten Tagen bin ich wegen der Tachykardie auch mit Ängsten konfrontiert worden. Hierfür ist es wichtig zu wissen, dass Herzrhythmusstörungen die Hauptursache von Krankenhauseinlieferungen sind, und dass alle Altersgruppen davon betroffen sind. Herzrasen ist erschreckend, weil es einem die Luft raubt und mit Todesängsten verbunden ist. Das Herz speichert emotionale Verletzungen und folgende Muster: Das Geliebt-werden-Wollen, Sich-selber-nicht-Annehmen, Das-Göttliche-in-sich-nicht-Wahrnehmen, Das-nicht-fühlen-Wollen, Das Zumachen-aus-Furcht-verletzt-zu-werden, wobei der Ausdruck des Herzens auch nicht zugelassen wird.

Das Herz ist das Organ der Verbundenheit mit dem Gegenüber und mit allem Lebendigen. Und alles ist lebendig. Das Herz ist das Reservoir der Emotionen, der Gefühle und der Empfindungen und der emotionalen Weisheit.

Wo sind die Intuition, die Anteilnahme, das Mitgefühl, die Rücksicht, die Offenheit, die Freiheit in einem abgekapselten Herz? Alles erstarrt.

In diesem Prozess habe ich auch erfahren, dass das Herz unmittelbar mit dem Nervensystem verbunden ist, denn es schlägt natürlich durch die Impulse, die von den Nerven ausgesendet werden. Und diese sind sehr fein und präzise mit den unbewussten Vorgängen verbunden. Ein überlastetes Nervensystem wird seinen Überschuss an elektrischen Impulsen heftig entladen, in diesem Falle auf den Herzmuskel. Schocks und Emotionen sind mächtige Kräfte, die krank machen können, weil sie verdrängt und unterdrückt werden. Melden sie sich einmal vehement, werden sie gleich medizinisch unter Kontrolle gehalten, anstatt die Überladung auf sanfte und sichere Weise mit Aromatherapie, Schüßlersalzen und weiteren Energien auszuleiten. Das ist der garantierte Weg zur Herzkrankheit. Die größte Lernaufgabe besteht darin, ruhig und gelassen zu bleiben, eventuell unterstützt mit Entspannungsmethoden. Last but not least spielt auch die Introspektion mit ihren Einsichten eine Rolle, ohne die man dieselben Verhaltensweisen wiederholen wird.

Mein Herz hat mir viel über mich enthüllt, über meine Mutter, die an einem Emphysem gelitten hat und über diese herzkranke Gesellschaft.

Durch diese Reinigung, die der LNP mit sich bringt, werden Muster der eigenen Familie und der ganzen Menschheit durchlebt und durchgearbeitet.

Es wäre deshalb sinnlos, in die Notaufnahme zu rennen! Sinnvoller wäre es tatsächlich, den Lichtnahrungsprozess zu unterbrechen.

Es ist aber meine Aufgabe, alle Ebenen miteinander zu bringen. Die tägliche Meditation zum Aufladen mit dem Prana oder mit dem Licht – und das ist die Bezeichnung, die ich bevorzuge – wird immer nahrhafter und ihre Strahlung leuchtender.

Gerade hier möchte ich einen deutlichen Unterschied zwischen Anorexie und dem LNP ansprechen: Magersucht ist ein Kampf mit dem Ego, und beinhaltet selbstzerstörerische Aspekte. Die Lichtnahrung ist ein Anschluss an die Lichtkräfte des Kosmos. Der grobstoffliche Körper muss gesund sein. Eine gründliche Vorbereitung ist unentbehrlich, eine spirituelle Ausrichtung erforderlich und eine gründliche Reinigung und Verarbeitung der eigenen Lasten ist Voraussetzung. Eine hervorragende Verbindung zur Höheren Instanz ist die Grundregel. Es ist auch kein Spiel für Feiglinge oder eingebildete Esoteriker und ist nicht zur reinen Gewichtsreduktion geeignet.

21.04.2017 – Tag 11

Die erste Tageshälfte ist rein emotionales Chaos. In der zweiten Hälfte wird alles gelöst und erledigt.

Prompt beginnt die Aufregung mit meinem Herzen von neuem. Es schlägt mit unvernünftigen Sprüngen in meinem Brustkorb, was mich noch nervöser stimmt.

Ich wache auf aus einem beklemmten Traum mit einer lustigen Note. Er weckt Erinnerungen an meine vor vielen Jahren geschiedene Ehe. Mit meinem Ex-Mann sitze ich in einem sehr eleganten Restaurant. Eine erlesene Speise wird mir serviert. Die Dekoration besteht aus einem Zweig duftenden und blühenden Flieders. Ich staune, obwohl ich den Tischschmuck originell, irgendwie interessant, aber dennoch ein wenig lächerlich finde. Ich überlege mir: Ist Flieder essbar? Soll ich ein Kompliment machen? Erlaubt sich jemand einen Scherz mit mir? Das Groteske der Situation wird mir immer peinlicher und ich fühle mich fehl am Platz - und dann werde ich vom Lärm draußen geweckt!

Dann will ich etwas in der Stadt abholen, was leider verschwunden ist. Über Kleinigkeiten rege ich mich momentan besonders auf.

Schlimmeres wartet auf mich zu Hause. Katastrophenmeldungen aus dem Bekannten- und Freundeskreis. Das Ganze wird noch übertrumpft von einer Klientin, die ich seit drei Wochen unterstütze und die mit akuten Herzproblemen und Verdacht auf eine Autoimmunkrankheit ins Krankenhaus eingeliefert wird.

Wie kann das sein?

Meine Herzschläge sprengen fast meinen Brustkorb.

Ich überlege, ob ich in Ohnmacht fallen oder mich beruhigen soll. Ich entscheide mich dann dazu, eine Tasse Tee zu trinken und die Himmlischen zu Hilfe zu rufen.

Dann nehme ich mir einen Fall nach dem anderen vor. Nach und nach erledigen sich die verschiedenen Situationen.

Ich betrachte diese Konstellation wie einen Spiegel manch innerer Verstrickungen, in die ich mich gelegentlich hineinziehen lasse. Heute wurden sie mir exemplarisch serviert (ohne Flieder als Dekoration).

Lektion 1: Mehr Abstand gewinnen von den unangenehmen Kleinigkeiten des Lebens, die oftmals zu überdimensionalen Problemen aufgebauscht werden. Das ist ein Wichtigkeitssyndrom. Darüber hinaus habe ich heute die Möglichkeit, meine Reaktionsmuster zu betrachten und manche verzerrte Realität zu betrachten, die ich manchmal anziehe, zu erkennen und zu begradigen.

Lektion 2: Es ist sehr zu schätzen, dass die Ärzte im diagnostischen Vorgang sich auch die düstersten Bilder ausmalen, damit alle Eventualitäten in Betracht gezogen werden und nichts außer Acht gelassen wird. Sie sollten aber ihre Überlegungen in Stille machen und nicht gleich den Patienten zusätzliche Schocks verpassen, indem sie die schlimmsten Diagnosen dreist erwähnen, bevor der Zustand letztendlich abgeklärt ist. Dies gilt auch für das Pflegepersonal und alle anderen, die an Untersuchungen beteiligt sind. Ist es ihnen nicht bewusst, wie viel sie durch diese Unbedachtheit anrichten? Ein wenig Einfühlsamkeit wäre hier dringend angebracht.

Ich habe gleich getestet, wie ernsthaft der Zustand meiner Klientin ist. Natürlich gibt es deutliche Abweichungen von der Norm, aber so hoch ist die Gefahr nicht. Sie konnte sich schnell beruhigen und zuversichtlich werden, als ich ihr das Ergebnis meiner Messungen mitteilte.

Und so komme ich wieder zur Ruhe und genoss draußen die Sonne.

Die starke Gewichtsabnahme hat sich nach der Programmierung der ersten Woche eingependelt. Die Haut hängt auch nicht, wie man es nach einer Diät erwarten würde, und das ist ein deutlicher Unterschied der Ernährung mit der Lichtnahrung. Denn bitte nicht vergessen: Ich mache das nicht zum Abnehmen, sondern um eine gründliche Reinigung aller Ebenen durch das Licht durchzuführen, das Prana zu installieren und somit mich vollständig auf Lichtnahrung umzustellen. Jetzt bin ich in der Mitte des Prozesses angelangt. Mein Herz schlägt wieder gelassen und regelmäßig. Und Morgen ist ein neuer Tag.

22.04.2017 – Tag 12

An diesem Tag lösen sich alle Verstimmungen auf. Sogar mein Kreislauf findet heute seinen regelmäßigen Rhythmus wieder. Mein Organismus entspannt sich tief, und ich fange an, die erste Ernte der Umstellung zu genießen. Die Kraftübungen, auf die ich wegen der Tachykardie verzichtet hatte, kann ich jetzt wieder durchführen, was mich sehr freut und was mir tatsächlich sehr guttut, vor allem, weil es die Wärme in meinem Körper aktiviert. In der Tat hat mir die Kälte durch den raschen Gewichtsverlust sehr zu schaffen gemacht. Ich stelle fest, dass ich nur überflüssiges Gewicht verloren habe und die Figur meiner Jugendzeit wiedergefunden habe. Der Verlust wird sozusagen durch eine Art Grazilität und doch Festigkeit kompensiert. Nichts hängt oder sieht kränklich aus. Meine Gesichtshaut ist reiner geworden und ein paar Unreinheiten, die ich seit Jahrzehnten hatte, sind verschwunden.

Körperliche Bewegung ist grundsätzlich wohltuend für mich. Zusätzlich zu den fünf Tibetern mache ich zehn Purzelbäume hintereinander, um die Wirbelsäule zu massieren und um die Inaktivität der letzten Tage nachzuholen. Der Körper ist unser animalischer Anteil. Seine Bedürfnisse müssen erkannt werden und er muss richtig gepflegt werden, was eine ganz individuelle Sache ist, die von Zeit zu Zeit variiert. Je zufriedener er ist, desto mehr Ruhe gibt er. Diese Ruhe ist eine gute Basis, um sich dem Spirituellen zu widmen.

Die Lichtmeditation ist sehr nährend auf allen Ebenen und nach und nach vollzieht sich die Umstellung auf Prana Nahrung. Wenn das Wesen in all seinen Dimensionen damit einverstanden ist, vollzieht sich der Prozess sanft und elegant.

23.04.2017 – Tag 13

Nach einem kürzeren, aber tiefen Schlaf fängt früh ein sehr aktiver Tag an.

Leider kommen vage Ängste hoch, wieder von Herzrasen begleitet. Manche davon kann ich erkennen als Teil meiner Unsicherheit und Ängstlichkeit. Andere hingegen sind nicht meine und scheinen der Menschheit im Allgemeinen zu gehören: nicht nur die Angst des Unbekannten, sondern auch die Sorgen um die Alltäglichkeiten, das Scheitern, die Unpässlichkeiten. Eigentlich sind es die weit verbreiteten Zweifel und negativen Projektionen, mit denen sich die Leute herumschlagen. Ich brauche eine Zeitlang, bis ich das alles wegschütteln und auflösen kann.

Das Thema Flüchtlinge ist heute sehr aktuell. Zuerst ein Film vom finnischen Regisseur Aki Kaurismäki und dann die wunderbare erste Vollversammlung der ehrenamtlichen Helfer für Flüchtlinge am Marienplatz. Sogar Konstantin Wecker war dabei und beließ es nicht nur bei einer Rede, sondern sang sogar noch zur Freude aller ein Lied darüber.

Heute war ein schöner Tag, wofür ich sehr dankbar bin.

24.04.2017 – Tag 14

Fünf Stunden Schlaf, Gewicht 50,6 kg. Sehr viel Energie.

In der letzten Woche des Prozesses stellt sich der pranische Zustand ein. Dessen drei Kriterien sind Schlafreduktion, Gewichtsstabilisierung und ein guter Energielevel. Sind diese drei Kriterien nicht erfüllt, wird nach den 21 Tagen der Prozess nicht weitergeführt werden, denn es zeigt, dass der Organismus die Umstellung nicht angenommen hat.

Heute hatte ich eine ausführliche Einzelsitzung mit einer Klientin, die an Übergewicht leidet. Sie sieht es aber nicht so. Sie beruft sich auf die medizinischen Befunde, die angeblich normal seien und klagt über ihre Gelenke, die Menopause, die Familie, Gott und die Welt. Alle möglichen Ursachen werden genau betrachtet, außer der, die offensichtlich ist. Wie in der Politik. Kommt keiner von diesen Gesundheitsexperten, die diese Patientin regelmäßig besucht, auf die Idee, ihr eine Entlastung des Stoffwechsels und der Gelenke durch eine Gewichtsreduktion zu empfehlen? Nein. Übergewicht ist normal. Seinen Körper zu hassen, weil er unförmig und schmerzhaft geworden ist, ist normal. Sich schlecht zu fühlen während der Menopause, ist normal. Dagegen werden Tabletten verschrieben. Und die Befunde sind normal. Alles normal. Es ist auch normal, sich elend zu fühlen und es zu akzeptieren.

Wie kann man sich wohl fühlen in einem Körper, der durch die Menge und Qualität an Nahrung überlastet und vergiftet ist? Wie kann das Gehirn klare Gedanken empfangen, wenn die Synapsen verstopft oder schier inexistent sind und die „Glückshormone" vom endokrinen System nur unzureichend hergestellt werden? Wie können sich Gefühle der Selbstannahme, des Selbstwerts und der Selbstsicherheit entfalten in solch einer Konstellation? Selbstmitleid und Depression stellen sich ein. Und was nun?

Wir haben Tabletten für Sie. Tabletten, mit denen Sie sich besser fühlen werden. Mit denen Sie (jedoch) noch mehr Gewicht zunehmen werden, mit denen Sie noch mehr von sich und ihren

Gefühlen getrennt sind - deshalb scheint alles erträglicher zu werden - und wovon Sie abhängig werden. Was natürlich für uns recht rentabel ist. Ist ja der Sinn der Sache. Nahrungsmittel- und Pharmaindustrie arbeiten sehr erfolgreich Hand in Hand. Und Sie sind im Teufelskreis. Sie sind uns hilflos ausgeliefert. Oder Sie fühlen sich so, aber es ist nicht wahr. Es ist die Illusion der Machtlosigkeit.

Liebe Klientin, es ist eigentlich der Ruf zum Empowerment. Nimm dein Leben in die Hand! Mach was! Entscheide für dich selbst! Vielleicht zum ersten Mal in deinem Leben, springe aus dem Programm heraus und mach wirklich etwas aus Deinem Körper, Deiner gottgegebenen Freiheit, anstatt den fremden Konzepten zu gehorchen und diese gedankenlos zu erfüllen!!!

Ja, ich weiß: Der Berg sieht unüberwindbar aus. Der Zustand ist so unerträglich, dass man nicht weiß, wo man anfangen sollte. Und glaube mir, ich bin selbst oftmals vor dem scheinbar unbezwingbaren Hindernis gestanden. Glaube mir, Du hast meine ganze Anteilnahme!

Aber gerade jetzt, wo alles so sinnlos und ausweglos aussieht, ist der Aufruf angebracht, doch etwas zu unternehmen, etwas zu verändern, neue innere Kraftquellen zu entdecken, und eine eiserne Entschlossenheit an den Tag zu legen. Gerade unter diesen Umständen gilt es, eine Standortbestimmung zu machen, etwas Neues anzufangen, um Hilfe zu bitten. Ja, auch vielleicht sich in Demut zu üben (keine Unterwürfigkeit, sondern wie man unterwegs nach dem Weg fragt, wenn man sich in einer fremden Stadt nicht zurechtfindet). Dafür soll die Frage eindeutig gestellt werden, sonst wird man irregeführt. Eine schwierige Aufgabe für das kleine, stolze Ego. Anders gesagt: haben Sie den Mut, eine Frage zu stellen, um eine Antwort zu erhalten!

Ohne Frage keine Chance auf eine Antwort. Bitten Sie die richtigen Menschen um Hilfe, Ihr Höheres Selbst, die Himmlischen, das Göttliche oder wer oder was für Sie stimmig ist. Und die Hilfe kommt. Immer. Natürlich muss man imstande sein, das einzusehen. Was nicht selbstverständlich ist. Dagegen ist die Tablette eine einfache Alternative. Sie schlucken etwas, das scheinbar alle Ihre Probleme löst. Fallen wird es auf dem Weg noch einige geben; das ist Teil des Spieles, damit die Unterscheidungskraft geschärft wird.

Aber Sie besitzen Selbstbestimmung und Entscheidungskraft. Also Sie schlucken die Entmachtungstablette NICHT, sondern Sie suchen und hinterfragen weiter.

Wie versprochen, eine Antwort kommt immer. Nur kommt jetzt Ihr Verantwortungsbewusstsein ins Spiel, Ihre Antwort auf Ihre Antwort sozusagen. Ich mache Ihnen einen Vorschlag, eine sanfte, schonungsvolle Möglichkeit, um Ihr Wohlbefinden zu steigern und das Gewicht zu reduzieren. Natürlich liegt die Umsetzung dieser Empfehlung in den Händen Ihrer Durchsetzungskraft und Ihrer Ausdauer. Ihre Antwort auf die Antwort klingt aber zweifelnd: „Schmeckt das?" Meine Antwort: „Nicht so gut wie die Wurstplatte zum täglichen Abendessen".

So ist das.

Wir haben so viele Wahlmöglichkeiten, aber nur wenn wir den Mut besitzen, sie selbstbestimmt zu verwenden, werden wir den Zustand verbessern. Sonst tappt man in die nächste Falle. Die Bequemlichkeit, das Völlegefühl, das Dasein auf dem Sofa führen bis zur Entmachtung, denn es ist so viel einfacher untätig zu sein, als sich aufzurappeln und etwas zu unternehmen.

Nehmen Sie die Herausforderung an! Wachen Sie auf! Bieten Sie Ihre letzten Kräfte auf – die auf keinen Fall die letzten sind! Im Gegenteil, es sind diejenigen, die Ihnen den Zugang zu Ihren echten Ressourcen und neuen unerwarteten Horizonten eröffnen, wenn Sie sich auf diese neuen Wege wagen.

Wurstplatte oder Prana? Ich wähle das zweite Angebot, denn sie schmeckt mir viel besser und tut mir gut auf allen Ebenen. Danke!

Nein, es muss sich nicht jeder von Lichtnahrung ernähren. Es gibt keine allgemeingültige Ernährungsweise, die für alle stimmt. Keine, nicht einmal Licht, auch wenn wir alle natürlich davon zehren. Licht ist die Grundlage unseres Lebens, unserer Lebendigkeit und bestimmt auch, um genau zu sein, den Grad unserer Lebendigkeit. Aber jeder einzelne muss für sich wählen. Zwischen Lichtnahrung und

Wurstplatte gibt es noch einige Möglichkeiten, nicht wahr? Besonders in Europa, wo wir so verwöhnt sind, sollten wir diese Auswahl mit jedem Biss schätzen. Wir beuten ja die ganze Welt, die Tiere und den Boden aus, um diese Vielfalt zu erzielen. Der Konsum ekelt mich an, weil er unethisch, ungerecht triebhaft und versklavend ist. Auch das Geschäft mit den Bioprodukten folgt diesen gleichen Regeln. Und ich nehme mich davon auch nicht aus! Auch ich kenne Frustessen oder grenzenloses Konsumieren, bis es mir schlecht wird. Gier. Angst nicht genug zu bekommen. Diese Überfülle an Waren gibt es zum ersten Mal in der Geschichte dieser Menschheit. (Es gab andere Menschheiten). Die Völker haben unter Knappheit, Mangel und Entbehrungen gelebt, immer wieder und aus verschiedenen Gründen. Jetzt kann man jederzeit und überall, unabhängig von der Jahreszeit kaufen, was man und wie viel man will. Wenn man dieses Konsumverhalten nicht hinterfragt, besteht die Gefahr vom König zum Sklaven gestürzt zu werden.

Die Fragen, die man sich dabei stellen sollte, lauten: Wieso verfügt eine kleine Menge an Menschen über so eine Fülle, während eine Vielzahl von Menschen verhungert oder sich kaum am Leben halten kann, obwohl so viel produziert wird. Oder wie viel aus dieser Überfülle ist wirklich Nahrung, d. h. wie viel können die Zellen davon wirklich verwerten? Wie viel davon ist Müll, wie viel davon ist Gift, Pestizid, Glyphosate etc..? Wie viel davon macht mich krank, dick, träge im Körper und im Geiste?“ Fragen stellen, nicht nur den anderen, sondern vor allem sich selbst. Hinterfragen. Antworten erhalten und Entscheidungen treffen und seinen eigenen Weg gehen.

Ich wähle den Weg der Lichtkriegerin im Sinne von Pallas Athene, den Weg der Pioniere, den Weg meiner Seele, meiner Höheren Instanz.

Heute ist ein wunderschöner Tag. Die Sonne scheint zum ersten Mal seit Anfang des Prozesses. Ich fühle mich leicht und wohl, verfüge über viel Kraft. Durch die Aktivität pendelt sich der Herzrhythmus wieder ein. Je mehr Prana verwertet wird, desto mehr erhält man davon. Die Quelle ist unerschöpflich. Es geht darum, zu wissen, was ich brauche.

Nur um eine Ahnung zu verleihen, wie fit mein Körper ist, erwähne ich hier, was ich regelmäßig mache. Ich führe die fünf Tibeter jeweils 21 Mal durch, mache 10 Purzelbäume, gehe mehrere Kilometer barfuß durch den Park und mache leichte Gartenarbeit. Am Abend fahre ich noch kurz in die Stadt.

25.04.2017 – Tag 15

Sechs Stunden Schlaf. Reichlich Energie.

Heute möchte ich auf die Schlafqualität eingehen. Der pranische Schlaf wird in seiner Dauer halbiert. Wer normalerweise 8-stündige Nächte verbringt, wird am Ende der Prana Umstellung nur noch 4 Stunden brauchen. Darüber hinaus ist die Nachtruhe tief und sehr regenerierend. Ich wache auf mit der Leichtigkeit und Frische der Kindheit und freue mich um 4 Uhr morgens schwungvoll aufzustehen. Zum Spielen. Mit der Neugierde des Kindes. Was passiert wohl heute? Wie reagiert mein Körper? Meine Psyche? Meine Seele?

Ich beobachte, dass ich mich viel achtsamer bewege, meine Mitmenschen mitfühlender betrachte und meine Umwelt noch mehr bewundere und schätze. Nicht dass mir diese Eigenschaften zuvor gefehlt hätten, aber erstens habe ich mir ausreichend Zeit genommen, um den LNP ganz bewusst und auch mir gegenüber sehr achtsam zu führen. Zweitens bin ich durch meine spirituellen und naturheilkundlichen Erfahrungen und Experimente sowie durch meinen gezielten zweijährigen Aufbau so gut vorbereitet, dass ich Beobachtungen auf unterschiedlichen Ebenen verfolgen und auch praktisch umzusetzen kann. Ganz konkret gesehen bedeutet es, dass ich alle meine Reaktionen gleich ernsthaft behandle. Nicht nur den spirituellen Aspekt und nur noch lobpreisen und alles wunderbar finden, sondern salopp gesagt, frage: „Na, lieber Körper, wie geht es dir denn heute? Was benötigst Du und wieso?“

Na ja, hin-und-wieder gibt er bereits eine Antwort, noch bevor ich die Frage gestellt habe. „Hm hier zwickt es heute aber besonders.“

Ich bin bodenständig, auch wenn ich in meinen jungen Jahren nur in den höchsten Sphären verweilen wollte, bis ich den Boden unter den Füssen verloren hatte. Mein Beruf als Krankenschwester hat mich mit meiner menschlichen, praktischen und pragmatischen Seite in Verbindung gebracht. Zusätzlich hat mir mein Körper einige Lektionen beigebracht durch Unwohlsein und sogar schwere Krankheiten. Er besitzt eine sehr deutliche Sprache: „Das passt mir nicht" sagt er und die Botschaft ist Schmerz. Er will eben, dass ich ihm meine ungeteilte Aufmerksamkeit schenke. Ich kann seinen Ruf nicht ignorieren, darf auf seine teilweise dramatischen Meldungen nicht überreagieren.

Durch meinen beruflichen Werdegang bin ich auch sehr auf die feinstoffliche und psychische Ursachenfindung fixiert, was durchaus sinnvoll ist. Aber der Körper mit seinem relativ langsamen Rhythmus will dem Menschen eine Lektion beibringen. Eine irdische Lektion, deshalb „langsam" im Vergleich zu den Gedanken oder der spirituellen Ebene. Der physische, materielle Körper ist dem saturnischen Prinzip zugeordnet, dem strengen Lehrer, der großzügig belohnt, wenn die Lektion verstanden worden ist. Ein Lehrer, der einem zeigt, wie der Mensch als spirituelles Wesen auf der Manifestationsebene sich entfalten kann, gerade durch die Begrenzungen der materiellen Ebene. Er bietet dann gern Herausforderungen an, die als Einladung zum Hineinhorchen, Erforschen und dann Erkennen, Umdenken und Wachsen verstanden werden wollen. Bis zur nächsten Etappe.

Also, lieber Körper: Was will mir mein wie verrückt pochendes Herz sagen? Ich habe mir bestimmte negative Einstellungen von mir angeschaut, Herzmeditationen gemacht, um Verzeihung gebeten, mich durch Atem- und Entspannungsübungen beruhigt. Ich kenne eine Menge Hilfen, glauben Sie mir. Die besten, und wirksamsten. Und sie kommen an, werden angenommen. Und immer wieder ist mein Herz beruhigt. Dann schlägt es wieder wie wahnsinnig. Also verfahre ich weiter wie bisher mit der Behandlung von Seele und

Herz, obwohl ich die Logik des Herzrasens nicht begreife. Ein wenig Demut für den Intellekt ist immer gut, sage ich mir.

Der Tag ist kalt und regnerisch, was mir ein wenig zu schaffen macht. Vieles, was lange herumgelegen ist, erledige ich aber erfolgreich. Alles wird aktualisiert, und es freut mich: Reinigung und Klärung, neue Ordnung schaffen auf allen Ebenen.

Am späten Nachmittag habe ich einen Termin bei meiner Osteopathin. Als sie mich kinesiologisch testet, merkt sie sofort, dass ich wesentlich mehr Kraft habe als sonst (nicht, dass ich zuvor kraftlos gewesen wäre). Sie arbeitet wie immer am ganzen Körper. Unter anderem massiert sie meine Gallenblase mit einem Finger, vielleicht 45 Sekunden. Das kleine Organ blubbert und ich verstehe: Es ist noch was drin, nämlich erstarrter Gallenfluss. Hm sage ich mir: Was drin ist, muss heraus. Am Ende der Behandlung empfiehlt mir meine Therapeutin, einen Arzt aufzusuchen, sollten die Herzbeschwerden weiterhin bestehen. Ich schätze ihren Rat und weiß, dass sie verantwortlich und medizinisch geeignet berät. Aber ich weiß aus meinem Inneren, dass ich mich jetzt in einem anderen Kontext befinde und dass die routinemäßige Herzuntersuchung sowieso erst in einigen Wochen stattfinden wird, weil die Kardiologen momentan alle ausgebucht sind. Eventuell würde man mir ein Beruhigungsmittel verordnen. Nur ganz wenig, wie man immer behauptet, aber genug, um süchtig zu werden, nicht wahr? Ich bin aber nicht zu beruhigen. Ich will aufwachen, meinen spirituellen Anteil hier auf Erden aktivieren. Es ist mir sofort klar, dass ich der Empfehlung meiner Osteopathin nicht folgen werde. Es muss eine andere Lösung her. Eine, die zu meiner jetzigen Entwicklungsphase passt. Eine Lösung für eine Raupe in ihrem Kokon, die momentan eine Metamorphose durchzieht. Der Prana Körper, die Aura verwandeln sich und ein solcher Prozess verlangt die Autonomie des Wesens und das Erleben und Durchlaufen der verschiedenen Schritte, die natürlich sehr individuell und persönlich sind.

Gute Nacht.

26.04.2017 – Tag 16

Fünfundeinhalb Stunden Schlaf. Kurz unterbrochen von der bekannten Tachykardie. Mithilfe von Lavendelöl schlafe ich aber friedlich wieder ein. Morgens trinke ich meinen Kräutertee. Es ist weiterhin kalt, und es hat die ganze Nacht geregnet. Heizung hochdrehen. Wie gesagt ist es für mich ungewöhnlich, aber während des LNP macht mir die Kälte zu schaffen. Ich versuche es mir bequem zu machen, aber das Herzrasen ist weiterhin präsent. Langsam ärgert mich das. Ich mache eine Herzprogrammierung, habe aber die Intuition, dass es nur sekundär ums Herz geht. Was ist sonst blockiert? Die emotionale Ebene sieht ziemlich klar aus – naja es gab auch ein paar sehr alte Frustrationen im spirituellen Bereich von vorigen Inkarnationen. Starre spirituell-religiöse Gemeinschaften, die mich dann verraten und vertrieben hatten, Verfolgungen. Ich sehe sie und kann sie nachvollziehen. Sie sind nur noch gering emotional beladen.

Was ist noch los, was ich ständig übersehe?, frage ich mich ratlos.

Die Antwort kommt dann ziemlich prompt aus einer ganz anderen Ecke als erwartet. Aber ganz logisch.

Die Galle hat sich gemeldet. Zwar hatte sie gestern Abend bei der Therapie geblubbert, aber ich hatte sie schon wieder vergessen. Sie ist ein Beleg dafür, dass die Entgiftung noch nicht vollständig ist. Sofort nach der Darmentleerung reguliert sich der Herzrhythmus. In der Tat hatte das Herz die ganze Zeit kompensiert, dass der zähflüssige Gallenfluss eine Blockade im Solarplexus darstellte. Auf der Stelle wurde ich von meiner Tachykardie befreit!

Wäre ich zum Arzt gegangen, hätte er seine ganzen Untersuchungen auf das Herz fokussiert, ohne tiefere Zusammenhänge zu suchen oder andere Organe mit einzubeziehen. Die Routineuntersuchungen hätten zu einer Besorgnis erregenden Diagnose geführt, und ich wäre mit ein paar Pillen nach Hause geschickt worden. Dann hätte ich eine neue Karriere als Herzkranke angefangen.

Es wird nicht das individuelle Umfeld in Betracht gezogen und die persönlichen Bedürfnisse angeschaut, sondern das 08/15-Vorgehen durchgezogen.

Ich bevorzuge die Selbstbeobachtung, Selbstverantwortung und Selbstbestimmung im Gegensatz zur formatierten Behandlung. Zumal ich weiß, dass mein Herz eigentlich in Ordnung ist. Es ist auch von Vorteil, dass ich messen kann, ob Beschwerden wirklich ernsthaft sind oder schlimmer aussehen, als sie wirklich sind. Zugegeben, eine solche Verbindung zwischen Gallenblase und Herz war mir bislang nicht bekannt, wobei ich eine gewisse Kohärenz vom Chakra System her erkennen kann. Die Natur ist solidarisch, und wenn es einem Chakra oder einem Organ chronisch – manchmal auch akut – nicht gut geht, wird ein benachbartes Organ oder das darüber liegende Chakra „einspringen", damit die Gesamtheit gewahrt wird, damit der ganze Organismus weiter funktionieren kann. In meinem Fall hat das Herz Chakra den Solarplexus unterstützt, was ich zwar schon seit längerer Zeit vermutete. Nun wird alles sichtbar und spürbar, weil mein Körper sich in einer bewussten Reinigung befindet.

Die mentalen und emotionellen Assoziationen, die ich gemacht habe im Versuch die Hintergründe des Herzrasens zu begreifen, sind nicht falsch. Nur ganz konkret und prosaisch geht es hier darum, die Galle zu entleeren. So spirituell kann man sein. Aber auf der Erde hat der Körper das letzte Wort. Haben Sie schon versucht mit leerem oder mit überfülltem Magen zu meditieren?

Jetzt möchte ich die geistige Verfassung hinter dem gestauten Gallenfluss und dem erregten Herzschlag erkunden. Alles hat immer einen mentalen und emotionellen Hintergrund; in weiterem Sinne auch einen kausalen und spirituellen Zusammenhang. Anders ausgedrückt, mit vorigen inkarnationellen Erfahrungen und natürlich auch mit dem Seelenstrahl. Und warum ist das so? Weil wir spirituelle Wesen sind, ob wir es wissen oder nicht, uns daran erinnern oder nicht. Herkömmliche Behandlungen werden sich kaum darum kümmern. Ich halte es für wesentlich und richtungsgebend, zu wissen, warum und wozu ich inkarniert bin und welche Aufgaben daraus entstehen.

Warum begegne ich immer wieder bestimmten Themen, in meinem Fall der Ethik, der Schönheit oder dem Mangel daran?

Gut, das war ein Umweg. Aber es ist notwendig, die Begebenheiten aus einer breiteren Perspektive zu betrachten. Jetzt zurück zur Galle und zum Herzen. Hinter ihrer Dysfunktion steht Empörung. Das ist auch ein Familienthema unter den Mitgliedern, die sich eingesetzt haben für politische und gesellschaftliche Veränderungen. Dazu zählt die Empörung meiner Mutter angesichts ihrer Position als ökonomisch abhängige Hausfrau, gefangen in ihrer Rolle als frustrierte, kaum tolerierte Schwiegertochter. Sie hat mir sehr deutlich gezeigt, alles, was ich in meinem Lebenslauf ausgrenzen will. Kurz zusammengefasst: ich habe eine Menge Empörungspotential von meiner Familie geerbt, zusätzlich zu meinen inkarnationellen Erfahrungen. Und ich verweise gerne auf das berühmte Pamphlet von Stéphane Hessel „Empört Euch“ (Ullstein Verlag), in dem steht: „Das Schlimmste ist die Gleichgültigkeit.“

Heutzutage wird der Kopf nicht mehr in den Sand gesteckt, sondern ins IPhone. Edward Snowden riskiert sein ganzes Leben für die Enthüllung unduldsamer Missstände, und die Mehrheit macht ungeniert weiter. Lesen Sie „Ausstieg aus dem technogenen System“ von Vadim Zeland, einem der wenigen echten spirituellen Menschen, der sich traut, unbequeme Wahrheiten anzusprechen. Und dann noch ein köstliches Büchlein: „Die Maschine steht still“, von E. M. Forster, 1909 geschrieben. Das ist ein kleiner Beitrag gegen die allgemeine Verdummung.

Folgende Lektüre ist ebenfalls empfehlenswert: „Die narzisstische Gesellschaft“ von Hans-Joachim Maaz und „Der Wahnsinn der Normalität“ von Arno Gruen. Wie kann man, ohne mit der Wimper zu zucken, in The New York Times einen Artikel lesen über die Wiedereinführung von Folter bei Verhören in den USA, im Besonderen von Waterboarding, (wie es im immer noch bestehenden Guantánamo Camp üblich ist!!!) der beschreibt, dass dieses Gesetz auf ethische Widerstände von Intellektuellen treffen würde. Diese sadistische Heuchelei. Und manch einer liest das zum Frühstück! Zum Kotzen, finden Sie nicht?

Ein anderes Thema, worauf ich gerne die Aufmerksamkeit lenken möchte: Deutschland als Bordell Europas. Wussten Sie nicht? Dann googeln Sie doch einmal: „Stop Sexkauf" und andere Informationsquellen. Doch es betrifft Sie! Ja, Sie persönlich: entweder weil Sie ein Mann sind und einige (bei weitem nicht alle Männer) doch ein Bordell besuchen, sonst würde dieses Geschäft nicht so blühen! Oder Sie sind eine Frau, und das betrifft Sie genauso, weil die Frauen, die dort sexuell geplagt, gefoltert und erniedrigt werden, Ihre Schwestern sind, oder Ihre Töchter. Frauen wie Sie und ich, die am wirtschaftlichen Limit leben oder aufs Übelste getäuscht und in eine Falle gelockt worden sind. Und noch etwas Entsetzliches: Diese Frauen verachtenden Bordelle werden nur pauschal versteuert! Stellen Sie sich das vor: Ich muss jeden Pipifax angeben und belegen. Aber das Finanzamt will nur ungefähr wissen, wie viel Geld in diesen Institutionen, bei denen Frauen ausgebeutet werden, gemacht wird. Eigenartig, nicht? Prostitution und Pornographie machen ein Milliardengeschäft und sind sehr präsent in allen wirtschaftlich erfolgreichen Ländern, nicht nur in Deutschland. Überlegen Sie sich, erkundigen Sie sich. Öffnen Sie Ihre Augen. Und handeln Sie.

27.04.2017 – Tag 17

Fünfundeinhalb Stunden Schlaf, 50,5 kg, sehr viel Energie.

In dieser Metamorphose ändert sich der Lichtkörper, oder genauer ausgedrückt, der Ätherkörper der Aura ist jetzt sehr empfänglich für die Energie. Und so geht es darum, sie herauszufordern oder hervorzurufen, nach dem Prinzip, je aktiver, desto mehr Energie. Also ganz das Gegenteil vom Mangeldenken, das diese Gesellschaft kennzeichnet nach dem Motto: Du musst aufpassen und darfst dich nicht erschöpfen, Du hast ja nicht so viel Kraft, Du bist ja schon 64!

Mein Körper ist leicht und gelenkig und ich erledige alles leicht und schnell, wie z. B. den Keller zu putzen. Da ich wieder viel Bewegung habe, hat sich auch meine Kälteempfindlichkeit verbessert.

Ich bin der Meinung, dass in den Prozess gelegentlich und nach individuellem Bedarf feinstoffliche Hilfsmittel mit einbezogen werden können. Nur auf die Auswirkung des Lichtes zu warten, stimmt nicht ganz für mich. Meine Einstellung hängt damit zusammen, dass ich Krankenschwester, Therapeutin und Dozentin bin. Ich kenne unzählige sanfte und ganzheitliche Methoden und Heilmittel, die helfen können, die natürlichen Prozesse zu unterstürzen. Dabei geht es nicht darum, aggressive Methoden einzusetzen, die den LNP beeinträchtigen oder beenden. Wer Schmerzmittel braucht, soll eher den Prozess aufgeben und ihn ein andermal erneut versuchen.

28.04.2017 - Tag 18

Heute ist wieder ein sehr aktiver Tag. Ich fühle mich wohl auf allen Ebenen, und vor allem bin ich viel friedlicher, seit sich das Herz beruhigt hat. Das Gewicht ist stabil, der Schlaf reduziert und Energie in Fülle vorhanden. Das sind die drei Kriterien, die für einen erfolgreichen Prozess stehen.

Ich würde behaupten, dass die Vitalität noch weiter zunimmt. Sie ist ja davon abhängig, wie viel verlangt wird. Die Energie steht in unendlicher Fülle zur Verfügung und es geht darum, sie zu suchen und in Anspruch zu nehmen.

Ein Gefühl von grundsätzlicher Stimmigkeit ist Teil meines Lebens. Eine Große aber stille Freude ist meine Begleiterin geworden. Alles fließt. Und ich bin von Dankbarkeit ergriffen.

Lange habe ich nicht mehr von Mimin berichtet, denn sie macht es sich während des Dauerregens und Schneefalls anderswo bequem. Wohl hat sie mir einen Besuch abgestattet, an dem einzigen schönen Tag im Laufe des bisherigen Prozesses. Sie kam ausschließlich für ihre Behandlung. Sie nahm einfach die richtige Haltung vor mir ein – und fast hätte ich die Anweisung "Mach mal!" gehört. Habe ich auch sehr gerne gemacht. Sobald der Strom aus meinen Händen endet, weiß sie, dass die Behandlung zu Ende ist und entfernt sich leichtfüßig von mir, putzt sich und verschwindet aus meinem Garten. Erledigt für heute. Fernunterstützt habe ich sie auch die ganze Zeit, und sie ist jetzt wesentlich stärker, die Augen tränen nicht mehr.

Bevor ich den LNP anfing, hatte ich Angst, die Nierenbeschwerden, an denen ich in jungen Jahren gelitten hatte, noch einmal zu erleben. Besonders in der ersten Woche ist es normal, dass man Krankheiten, die man früher gehabt hatte, noch einmal durchmacht.

Gott sei Dank traf das nicht zu. Dafür bin ich unendlich dankbar, denn Nierenbeckenentzündungen sind sehr schmerzhaft und schwächend. Jetzt werde ich erzählen, warum sie im momentanen Rahmen nicht aufgetaucht sind. Damals habe ich sie sehr gründlich auskuriert, auf eine Art und Weise, die ich niemandem zur Nachahmung empfehlen würde.

Anfang Dreißig litt ich schon seit Jahren an immer wiederkehrenden Nierenbeckenentzündungen. Ein paarmal habe ich Antibiotika genommen, die aber nicht besonders hilfreich waren und zusätzlich mein Mikrobiom irritierten. Dann half mir mein Lehrer mit feinstofflicher Radionik auf hervorragende Weise. Was für ein Glück, so eine Unterstützung zu haben! Ihm bin ich bis zum heutigen Tag so dankbar! Die Infektionen waren zwar weniger, aber nicht ganz weg, und so hatte ich eines Tages wieder eine wirklich heftige Entzündung. Diesmal half die Behandlung meines Lehrers partout nicht.

Dann entschied ich mich, mich dem Verlauf der Krankheit hinzugeben, komme was wolle. Dein Wille geschehe. Ich war bereit zu sterben, wenn mein Körper das wollte, und vor allem, wenn es

Gottes Wille sein sollte. Und so wurde ich tatsächlich sehr krank. Mein Organismus folgte einem sechsstündigen Rhythmus, in dem sich Fieber begleitet von Schüttelfrost, und erschöpfter Schlaf abwechselte. Und das sieben Tage lang. Immer wieder bat ich die Große Kraft, mich zu holen. Mein Ex-Mann war hilflos und entsetzt. Es war für ihn unfassbar, dass ich diesen Weg gewählt hatte, obwohl ich in einer Klinik arbeitete, die Naturheilkunde anbot. Wenn ich während einer Schüttelfrostphase mit Pelzmantel im Bett lag, bat ich ihn, sich auf mich zu legen, um das irrsinnige Schütteln meines Körpers einzuschränken. Während dieser sieben Tage hatte ich Visionen und Einsichten, zu denen ich sonst keinen Zugang hatte. Ich lernte auch meinen Körper kennen und seine Zeichen zu deuten. Ich lernte ihm zu vertrauen und konnte mich immer mehr hingeben. Das Ankämpfen gegen die Krankheit und die Angst vor diesem schmerzenden Körper hörten schließlich auf. der Körper mit seinem Unbehagen wurde zum Verbündeten. Ich ließ los und entspannte mich und vertraute darauf, dass er mit dem Rhythmus aufhören würde, wenn er seine Aufgabe erfüllt hätte. Und in der Tat hörten am siebten Tag Schüttelfrost und Fieber auf. Ich war schwach, fühlte mich aber gereinigt und erleichtert.

Die Rekonvaleszenz dauerte lange, aber sie war gründlich, und zwar so sehr, dass ich seitdem nie mehr eine Entzündung in diesem Bereich gehabt hatte.

Diese Erfahrung hat mir ein unerschütterliches Vertrauen in die Selbstheilungskräfte des Körpers gegeben. Lass ihn tun, was er zu tun hat. Er weiß, was er tut. Er versucht nämlich dir zu helfen, so dass das Gleichgewicht wieder hergestellt wird. Krankheit ist eine Heilungsstrategie des Organismus. Wie gesagt, gerne unterstützen, aber bitte seine Arbeit nicht beeinträchtigen oder blockieren. Das gilt jedoch nur für relativ gesunde Menschen. Nicht wenn das ganze System schon aus dem Ruder gelaufen ist.

Diese Erfahrung hat mich von Ängsten befreit (viele Ängste sind mit den Nieren verbunden), hat mir Vertrauen in meinen Körper geschenkt, hat mir überhaupt eine Beziehung zu meinem Körper gegeben und hat mir tiefe Einsichten ermöglicht in die Heilprozesse des Körpers. Sie hat mir auch Einblicke in die Kraft des Geistes über den materiellen Körper und in die Macht von Visionen geschenkt.

Diese Erfahrung war eine Einweihung im schamanischen Sinne. Danach war ich nie mehr dieselbe.

Die Natur ist voll regenerativer Kräfte: Der Baum erträgt Hitze, Kälte, Blitze und überwindet Verletzungen, und so manches wilde Tier erholt sich spontan von allen Widrigkeiten. Dr Larry Dossey hat ausführlich über Menschen berichtet, die zu arm waren, um sich einer medizinischen Behandlung unterziehen zu können. Nach einiger Zeit hat sich der Tumor verkapselt und die Menschen haben weitergelebt und gearbeitet und noch ein langes Leben genossen. Aus dieser natürlichen Wiederherstellung der Lebenskraft dürften wir öfters schöpfen: Die Natur ist wohlwollend und großzügig. Das soll jedoch keine Ermutigung sein, die Dienste der Medizin nicht in Anspruch zu nehmen. Im Gegenteil. Aber ein gutes Maß an Weisheit und Vertrauen in die eigenen Kräfte ist in sich eine heilsame Sache.

Die Tatsache, dass ich während des LNP keine Probleme mit den Nieren hatte, ist wiederum ein Beweis dafür, dass dieses Thema in dieser Inkarnation völlig aufgelöst ist. Dafür bin ich dankbar.

29.04.2017 – Tag 19

Ich bin voller Tatkraft und fast unermüdlich. Von morgens bis abends verrichte ich meine Fernbetreuungen und unterschiedlichen Alltagstätigkeiten, besuche außerdem die Sauna, arbeite im Garten usw. Gelegentlich brauche ich ein kurzes Schläfchen und bin nach zehn bis fünfzehn Minuten wieder fit und frisch. Abends suche ich gerne musikalische Unterhaltung und bin neuerdings offen für Musik, die mir vorher nicht so gefallen hat.

Zweimal am Tag verbinde ich mich mit dem Licht und tanke Energie auf. Ich teile das Licht mit anderen pranischen Menschen und baue auf diese Weise ein morphogenetisches Feld. Ich bete für meine

Familie und Freunde, aber auch für die Erde/Gaia, für die Menschheit und alle lebendigen Wesen auf dem Planeten.

Meine Wahrnehmung ist viel feiner geworden. Die Farben sind auch beim trüben Wetter strahlend. Mein ohnehin feines Gehör ist schockiert vom Alltagslärm der Großstadt, dafür ist das Morgenkonzert der Vögel um 5 Uhr früh eine tiefe Quelle der Freude. Überhaupt, die Möglichkeit, dem Sonnenaufgang beizuwohnen, ist ein Geschenk.

Ich bin begeistert von meinem neuen Leben.

30.04.2017 – Tag 20

Heute Nacht habe mit 5 Stunden relativ lange geschlafen. Ich Schlafmütze.

Diese Woche habe ich 600 g abgenommen. Das betrübt mich kurz am Anfang des Tages, denn das Gewicht sollte stabil bleiben, dagegen die Dauer des Schlafes kürzer werden. Es stimmt, dass ich die Gewohnheit gepflegt hatte, wenn möglich lange zu schlafen. Im Schlaf hatte ich viele Probleme gelöst und beim Aufwachen spontan Lösungen gefunden. Schlaf heißt Regeneration, Verarbeitung von Tageseindrücken, Inspiration, Gestaltung der Zukunft, Reisen in andere Realitäten und Begegnung mit den Geistführern. Es ist Unsinn, dass der moderne Mensch den Schlaf als eine Zeit Verschwendung betrachtet und lieber vor dem Fernseher oder vor dem Computer seine Zeit verbringt, als sich in seine Schlaflandschaft zu begeben.

Der pranische Schlaf ist kürzer, konzentrierter und auf anderen Ebenen angesiedelt. Vor allem wacht man so frisch und neu wie ein Kind auf, nur eben bereits nach einigen Stunden. Ich brauche offensichtlich ein wenig länger, bis ich mein Schlafpensum reduziere.

Heute ist ein wunderbarer, warmer Tag und ich fahre mit meiner Freundin in die Berge. Ich habe Mühe beim Aufstieg und komme richtig außer Atem. Nach einem kurzen Schläfchen auf dem Gras bin ich beim Hinuntergehen fit und munter.

01.05.2017 – Tag 21

Einundzwanzigster und letzter Tag des LNP. Ich erhalte die Bestätigung meiner Führung und meines Begleiters, dass die Prana Einstellung erfolgreich abgelaufen ist.

Ich stelle meinen Körper auf ein ausgewogenes Gewicht ein. Ich will nicht trocken und dürr aussehen. Es ist möglich, dass das Gewicht sich noch einpendelt und dass ich einige 100 Gramm oder etwas mehr zunehme, wie es schon von anderen pranischen Personen berichtet worden ist.

Wieder einmal ist das Wetter kalt, windig und regnerisch. Wie schon erwähnt, bin ich durch den Prozess kälteempfindlich geworden. Das wird sich bestimmt mit der Zeit noch regulieren. Auch meine Laune ist heute ein wenig trüb. Eigenartig. Gerade heute sollte ich über das Gelingen und den Abschluss des Prozesses besonders erfreut sein. Bin ich auch. Aber ich kann die Freude kaum zum Ausdruck bringen.

Was jetzt in meinen Gedanken sehr präsent ist, betrifft die Umsetzung des Prozesses im Alltag. Die Entscheidung stand von vorneherein fest: Ich führe die Prana Umstellung durch mit der Absicht, im pranischen Modus zu bleiben, und zwar für eine unbeschränkte Dauer. Das ist jetzt mein Modus Operandi. Nur im Falle einer Krankheit oder wenn der innere Impuls oder meine Höchste Instanz mich anders instruieren würden, nur in diesen Ausnahmefällen würde ich zur grobstofflichen Ernährung zurückkehren.

Dadurch dass der Schlafbedarf kürzer ist – und wahrscheinlich noch kürzer wird – und dass die ganze Beschäftigung mit der materiellen Nahrung (Einkaufen, Vorbereiten, Essen, Spülen und Aufräumen) entfällt, steht mir wesentlich mehr Zeit zur Verfügung. Nun stellt sich die Frage, wie ich diese gewonnene Zeit auf Dauer sinnvoll verwende. Und gerade jetzt bin ich ein wenig lustlos und ratlos. Es ist wie ein Vakuum, das neu überlegt werden sollte. Vielleicht auch nicht, sagt ein anderer Aspekt von mir. Es geht nicht nur um die Zeit, sondern auch um die zur Verfügung stehende

Energie, gepaart mit einem ausgeprägten Bewegungsdrang. Eine interessante Situation.

Jetzt wissen die Zellen, dass sie sich von Lichtenergie aufladen. Die Feinstofflichkeit und der Körper sind umgepolt auf eine subtilere Nahrung.

Der gesamte Zustand will noch stabilisiert und vor allem im Alltag erfahren werden, mit allen Chancen und Herausforderungen, die mir mein Leben schenkt.

TEIL 2:

Nach dem Prozess / Befindlichkeit nach der Installation

Am 01.05.2017 ist der LNP nach 3 Wochen Pranainstallation abgeschlossen. Da ich den Lichtnahrungszustand weiterhin beibehalten werde, berichte ich stichpunktartig über meine Entwicklung in den folgenden Monaten bis zum 11. April 2018.

Dann ist die Lichtnahrung ein vollständiges Jahr Teil meines Arbeits-, Gesellschafts-, und Privatleben sowie meines spirituellen Daseins.

07.05.2017

Seit einer Woche ist das Prana nun installiert. Ich fühle mich wohl. Seit ich gelegentlich wieder Kaffee trinke, ist es mir weniger kalt. Leider ist das Wetter weiterhin sehr trüb und regnerisch, so dass ich manchmal einfach müde und lustlos bin.

Der pranische Schlaf ist wunderbar und sehr erholsam, so dass vier bis fünf Stunden ausreichen. Einschlafen und Aufwachen sind leicht, sanft und klar, wie ein Gleiten von einem Zustand in den anderen.

Der Drang nach Bewegung ist stark und ich mache öfters schon ab vier Uhr dreißig einen anderthalb Stunden langen Spaziergang im Park, manchmal im Regen. Die Freude an den Elementen ist groß: die Frische, der Wind, die Luft begeistern und nähren mich.

Leider habe ich noch ein wenig an Gewicht verloren, was für meine kleine Statur nicht vorteilhaft ist.

Ich spüre, ich bin noch in einem Zwischenstadium, in dem ich mich schone und mich von Menschen ein wenig fernhalte. Bald werde ich meine Freunde und Bekannte wieder besuchen. Ich werde ihnen so einfach und klar wie möglich, den Prozess in seiner Essenz erklären. D. h. dass ich jetzt auf eine andere Nahrungsweise umgestiegen bin, wie z. B. jemand, der Vegetarier ist und sich dann entscheidet, vegan zu leben. Er ernährt sich weiterhin von etwas, aber es wird immer subtiler.

Ich habe mich von Smoothies ernährt und jetzt neuerdings von Lichtnahrung. Also ich ernähre mich weiter. Natürlich klingt das für jemanden, der nichts über die Feinstofflichkeit weiß, sehr abstrakt. Eine kleine Anregung zum Denken oder sogar zum Umdenken, wenn man willig ist.

11.07.2017

Vor exakt 3 Monaten habe ich mit der Umstellung auf Lichtnahrung begonnen. Heute mache ich eine wunderschöne Bergtour im Engadin. Ich wache auf und fühle mich nicht sehr wohl. Mein Bauch ist unruhig. Stuhlgang ist angesagt. Das ist keine selbstverständliche Tätigkeit mehr. Und sie braucht irgendwie eine Vorbereitung. Ist das erledigt, fühle ich mich wohl, erleichtert und klarer.

Dann beginnt der Tag. Heute benötige ich weniger Honig als sonst und verfüge über sehr viel Kraft und Ausdauer. Ich spüre keine Müdigkeit bis spät in der Nacht. Der Körper ist leicht und vital und freut sich auf Bewegung. Aus der Aktivität schöpft er umso mehr Kraft und lädt sich mit Licht auf. Auch geistig bin ich produktiv und inspiriert.

Der heutige Tag ist eine hervorragende Bestätigung für mein Lichtnahrung-Experiment. Den LNP habe ich bestanden. Er ist für mich ein Geschenk der neuen Zeit. Eine Umstellung, die mir ein neues Leben beschert. Ich bin von Dankbarkeit erfüllt.

Mein Körper wird immer stärker, ausdauernder und widerstandsfähiger. Ich verspüre überhaupt keine Müdigkeit nach der strammen Wanderung. Im Gegenteil fühle ich mich recht frisch. Auf anderen Ebenen bin ich stabil mit einer guten Abgrenzungsfähigkeit. Fünf Stunden Schlaf oder weniger sind durchaus ausreichend, um mich erholt zu fühlen. Tagsüber brauche ich auch kein Schläfchen. Ich besitze eine gute, ausgewogene Vitalität, ohne überdreht zu sein wie am Anfang der Umstellung.

24.07.2017

In den letzten Tagen hat mein Körper deutlich rebelliert, weil mir die Gewichtsabnahme mit den damit zusammenhängenden Symptomen das Leben schwer gemacht hat. Heute fühle ich mich unwohl, obgleich ich schon Honig in lauwarmem Wasser zu mir genommen habe. Ich vermute, dass das Gewicht unter seine optimale Grenze gesunken ist, und deshalb schlägt der Körper Alarm. Eigentlich ist es mehr als eine Vermutung, denn seine Sprache ist deutlich und stärker als bisher. Natürlich habe ich entsprechend gehandelt und konnte meine Arbeit auch vollständig und präsent erledigen.

Aufgrund des Verdauungsprozesses fühle ich mich heute Abend müde, aber entspannter. Ab sofort ändere ich den Modus, ohne den pranischen Zustand zu verlassen. Das heißt, ich gebe Honig in den Tee. Wie beim Fasten schlürfe ich Getränke mit dem Löffel oder lasse Honig in kleinen Mengen auf der Zunge zergehen. Die Verbindung zum Licht und die körperliche Bewegung behalte ich weiterhin wie gehabt. Wahrscheinlich werde ich ab jetzt etwas mehr Schlaf benötigen, was immer der Fall war, wenn ich Honig zu mir genommen habe, um so der Gewichtsabnahme entgegenzuwirken.

Also vieles bleibt gleich, aber ich kümmere mich sofort darum, dass die Masse zunimmt und stabil bleibt. Gleichzeitig achte ich darauf, dass das wache Gewahrsein des Pranismus aufrecht erhalten bleibt, und vor allem, dass ich nicht zurückfalle in den „normalen Zustand“, der sich nun sehr schwerfällig anfühlen würde.

Heute kommt Mimin für ihre Behandlung. Sie ist sehr dünn und hat abgebaut.

Sie wirkt genervt, weil sie sich unwohl fühlt und Schmerzen hat. Sie ist unruhig und will gehen. Noch verharrt sie ein wenig und gibt telepathisch zu verstehen, dass sie mich noch einmal besuchen wird, bevor sie hinübergeht. Dann schlendert sie wie völlig unbeteiligt weg.

Habe ich tatsächlich richtig verstanden? Traurigkeit ergreift mich und ein paar Tränen kullern die Wange hinunter. Andererseits grenzt es überhaupt an Wunder, dass Mimin noch am Leben ist. Es ist deutlich sichtbar, dass ihre Lebenskraft zu Ende geht. Wann wird sie mir wohl ihren nächsten Besuch abstatten?

08.09.2017

In drei Tagen bin ich fünf Monate Pranikerin und lebe immer noch nicht nur ausschließlich von Luft und Wasser. Ich habe weiterhin viel Energie, Unternehmungslust und Kraft sowie Inspiration und eine besonders deutlich spürbare Führung. Mein Schlafbedarf ist weiterhin kürzer als vor dem Prozess. Meine Verbindung zum Prana ist lebendiger, unmittelbarer als zuvor und liegt eher auf zellulärer Ebene. Ich fühle und erlebe es bis in und zwischen den Zellen. Mein Intellekt funktioniert schneller und tiefgründiger. Der Blick hinter die Fassaden und Verhaltensmuster ist kompromisslos. Vieles ist einfacher und simpler geworden und meine innere Welt zufriedener und stimmiger. Ich spüre viel Mut und bin noch konsequenter geworden. Der spirituelle Weg ist kein Spaziergang. Er verlangt die wahrhaftige Ausübung der Freiheit mit aller Verantwortung, die dazu gehört. Manche Freunde werden mir ihre Freundschaft kündigen und manche vormals harmonischen Verhältnisse sind nun weniger friedlich oder ruhen sogar. Vorläufig zumindest. Ist gut so. Der Mensch hat auch ein Recht auf Sendepause.

Übrigens habe ich mich mit dem Thema „Angst haben, Gewicht zu verlieren oder unverhältnismäßig viel abzunehmen" beschäftigt. Zuerst schien mir die Aussage, ich nähme ab, weil ich Angst davor hätte, nur eine dahingesagte Behauptung zu sein. Das ist sie auch teilweise, aber sie ist es trotzdem wert, sich ganz persönlich damit auseinanderzusetzen. In der Tat will ich nicht wie eine Ansammlung von Knochen mit dürren, eingesunkenen Gesichtszügen aussehen. Ich komme in Kontakt mit zahlreichen Menschen, reise und arbeite viel und mein Aussehen, wie ich äußerlich auf meinen Mitmenschen wirke ist mir wichtig.

Noch wesentlicher ist jedoch, wie ich mich fühle. Die Entgiftung geht weit hinaus über den 21 Tage dauernden Umstellungsprozess auf das Prana. Die Kälteempfindlichkeit und den Gewichtsverlust gleiche ich gelegentlich mit ein wenig Sahne aus.

Der Angst bin ich natürlich auch begegnet. Sie taucht auf, wenn ich mich für eine Geschäftsreise oder einen öffentlichen Auftritt vorbereite. Die Abmagerungszeichen sind sehr verunsichernd und verlangen meine ganze Aufmerksamkeit, die ich mir nicht leisten kann, wenn ich Vorträge, Unterrichte oder Einzelsitzungen gebe. Da liegt meine ganze Konzentration auf meinem Gegenüber. Es ist daher meine Verantwortung, mich rechtzeitig davor mit allem, was ich brauche, zu versorgen, so dass ich als neutrales Medium für meine Klienten vollkommen präsent und da sein kann. Es ist mir klar, dass hier ein Vorprogrammieren meinerseits eine Rolle spielt. Tatsächlich vermeide ich frühzeitig, dass ich mich schlecht fühle, wenn ich unterwegs bin und bemerke, dass mein geringes Gewicht zu einer gewissen Instabilität führen könnte.

Dies ist keine neue Erfahrung, denn vor 20 Jahren war ich sehr dünn und eine Heilpraktikerin empfahl mir damals, Sahne zu mir zu nehmen. Anscheinend habe ich so einen guten Stoffwechsel, dass das Fett in meinem Organismus schnell verbrannt wird. Sesammus ist gelegentlich eine gute Alternative für mich, aber weder Olivenöl oder Leinöl, wie man mir manchmal empfehlen will.

Es gilt, die jeweiligen Bedürfnisse des Körpers herauszufinden und diesem einzigartigen Organismus zu folgen und nicht irgendeiner Theorie oder einer Modeerscheinung. Jedem rate ich zu eruieren, was für sie/ihn hier und jetzt passend, hilfreich, sinnvoll und wohltuend ist. Ich stehe für Prana nach Maß. Das bedeutet sich nicht wie so oft in ein vorgegebenes Format zwingen zu lassen. Kein Bett des Prokrustes. Oder in Konkurrenz mit dem Glückspilz zu treten, dem es gelingt, von heute auf morgen mit Nahrung und Flüssigkeit aufzuhören. Schön für sie/ihn. Bei mir geht es jedoch anders vonstatten. Allerdings wird die Mehrheit der Menschen, die den LNP durchführen, aus unterschiedlichen Gründen – privat, gesellschaftlich, psychisch oder körperlich – die Lichtnahrung wieder aufgeben und zu einer herkömmlichen Nahrungsaufnahme zurückkehren.

Mit hochgelegten Beinen meditiere ich im Garten in der Sonne. Ich bin so vertieft, dass ich Mimin gar nicht wahrnehme. Sie springt mir auf den Schoß, was mir einen kurzen Schrei entlockt, wovon sie wiederum erschreckt wird und gleich wieder hinunterspringt. Es geht ihr gar nicht gut. Schlagartig verändert sich das Wetter und es beginnt zu regnen. Ausnahmsweise lasse ich sie in die Wohnung. Sie wählt den schönsten und bequemsten Platz und schläft ein. Ich muss etwas in der Stadt besorgen. Kurz habe ich Bedenken, ob ich sie alleine in der Wohnung lassen kann. Ich weiß, wie ungern sie eingesperrt ist. Es regnet heftig und ich habe nicht das Herz, ein altes, krankes Tier hinauszuwerfen. Sie schläft außerdem tief und lässt sich nicht stören.

Nachdem ich meine Besorgung erledigt habe, freue ich mich auf mein Zuhause mit Mimin. Vielleicht geht es ihr etwas besser, und vielleicht will sie auf meinem Schoß sitzen und gestreichelt werden.....

Nein, Mimin hat etwas Anderes vor. Als ich die Wohnungstür aufsperre, spaziert sie völlig losgelöst und unbeteiligt heraus.

Dann erwartet mich ein schockierender Anblick: die Wohnung sieht verwüstet aus. Was ist denn hier passiert? Die beiden zwei Meter hohen Vorhänge, die sonst vor der Terrassentür hängen, liegen der ganzen Länge nach auf dem Boden. Und mit ihnen die Gardinenstangen und Gegenstände, die mitgerissen wurden. Die Vorhänge, die ich letzte Woche zu faul war, zu waschen.

Der Stoff ist teilweise von Kratzspuren beschädigt. Mimin hat tatsächlich versucht, durch die Terrassentür zu entkommen. Es ist mir unmöglich, einem Tier böse zu sein. Das Eingesperrt sein muss für sie eine Qual gewesen sein.

13.09.2017

Heute merke ich, dass Mimins Aura nicht mehr der irdischen Ebene angehört. Ich will es nicht wahrhaben, also führe ich meine

Tests durch. In der Tat ist sie in die andere Welt gegangen. Der vorherige Besuch war also ihr letzter. Ich bitte sie um Verzeihung, dass er so aufwühlend war. Ich möchte wissen, wie sie gestorben ist und frage einen der Nachbarn, der sie jahrelang gefüttert hatte.

„Sie ist weg? Wie - weg?“, frage ich. „Weggemacht worden. Ihre Besitzerin hat sie zum Tierarzt gebracht.“ Mein Herz zieht sich zusammen. Kann man nicht respektvoller von einem verstorbenen Tier sprechen, das man jahrelang ernährt hat?

Ich nehme Abschied von diesem Wesen, das als Katze inkarniert war. Loslassen und weiterleben. Aber die Erlebnisse bleiben gespeichert, auch wenn sich Landschaften, Menschen, Lebensmodi ablösen.

Glücklicherweise hat mein Abschied von der festen Nahrung nicht so viel Chaos in der Wohnung verursacht. Es fällt mir leichter, die materielle Nahrung aufzugeben, als mich von Mimin zu verabschieden.

03.11.2017

Vor fast sieben Monaten hat mein neues Leben mit Lichtnahrung angefangen.

Seit einigen Tagen geht es mir wegen der Kälte nicht so gut. Ich fühle mich dünn und dünnhäutig, also körperlich und psychisch verletzlich. Müdigkeit stellt sich ein. Ich brauche mehr Schlaf. Ich bin nicht so belastbar: zu viele Anforderungen, zu viel Disziplin. In der Tat stelle ich sehr hohe Erwartungen an mich und habe mir zu meinen vielfältigen beruflichen Tätigkeiten zusätzlich viele Übungen vorgenommen. Jetzt mache ich schlapp. Eigentlich ist es nicht so dramatisch, aber die Überaktivität des Sommers ist definitiv vorbei.

Ich sehe nicht gut aus, meine Wangen sind leicht eingesunken, die Falten sichtbarer. Die Waage bestätigt den Gewichtverlust, obwohl das Gewicht sich eine Zeitlang stabilisiert hatte. Gut. Das ist nichts Neues. Mit erneuter Zufuhr von Honig erschwert sich vorübergehend der pranische Zustand und der Schlaf verlängert sich.

Tja, Winterschlaf-Modus ist angesagt: dick eingepackt, schläfrig und Honig schlürfend. Nach einigen Tagen verbessert sich mein Aussehen.

Dann habe ich die Idee, die Vitamine, Spurenelemente und Mineralien meines Körpers zu testen. Ich will wissen, ob alle Hauptnährstoffe vorhanden sind. Doch das Licht liefert mir alles, was ich benötige. Das bestätigen meine Messungen. Das Bedürfnis nach Ruhe und vermehrtem Schlaf gehört ab Herbst zu meinen Gewohnheiten. Es fehlt mir nichts. Ich bin froh, das feststellen zu können. Danach teste ich einige Klienten und merke, dass es bei mehreren an zwei oder drei Nährstoffen mangelt, obwohl sie sich „normal" ernähren.

Mein pranischer Zustand ist mir nun vertraut und nichts Außerordentliches mehr.

Ab und zu fragt jemand, ob ich mit dem Prozess bald fertig bin oder ab wann ich wieder normal essen werde. Meine Antworten lauten, dass ich mich mit Lichtnahrung gut ernähre, es mir gut gehe und ich keinen Grund erkennen könnte, warum ich deshalb aufhören sollte.

10.12.2017

Im September, also in meinem 5. Monat als Pranikerin, habe ich mich entschieden, meine Zähne sanieren zu lassen. Das hatte ich schon länger vor, aber nun war die Zeit gekommen. Ich muss betonen, dass meine Zahnbehandlung keine Folge einer Mangelerscheinung ist, wie eine Bekannte meinte.

Eine ausführliche Zahnbehandlung ist fällig, ich vermute allerdings, dass sie meinem Bedürfnis entspricht, alles in die Ordnung zu bringen, wie es sein sollte. Ehrlich gesagt habe ich ein wenig Bedenken, wie mein Organismus mit den chemischen Mitteln zurechtkommen wird. Natürlich stimme ich einer Spritze nur zu, wenn sie wirklich notwendig sein sollte. Ich kann mich gut entspannen und habe viel Vertrauen in das Können der Zahnärztin.

Daher sollte ich mit einem Minimum an Schmerzmitteln auskommen und diese auch nur für die Zahnextraktion verabreicht werden. Ich kommuniziere mit meinen Zellen und kündige ihnen an, dass sie Überstunden leisten müssen: Ihr werdet ungewöhnliche Substanzen erhalten. Nehmt auf, was für die Gesundheit nötig ist. Den Rest bitte gut und wirksam ausscheiden und ansonsten ins Licht umwandeln.

Dann habe ich vor allem mit der Leber, mit den Nieren und mit der Haut gearbeitet. Mir ist es wichtig den Organen zu vermitteln, dass diese medizinischen Maßnahmen jetzt unvermeidlich sind. Offensichtlich ist es eine Veränderung für mein System, das sich in den letzten Monaten an Prana, frische Luft und Meditation gewöhnt hat. Nun erhält es eine Ladung Chemie und Gift. Da mein grobstofflicher und feinstofflicher Körper schon so vieles erfolgreich überstanden haben (in den letzten 64 Jahren, meine ich) bin ich zuversichtlich, dass sie mit der Kraft und Absicht meines höheren Selbst auch die Zahnsanierung bewältigen werden.

Die dreistündige Behandlung verläuft sehr gut. Ich führe meine Entspannungsübungen durch, und erlebe die Zahnärztin als kompetent und selbstsicher. Perfekt. Bei ihr bin ich gut aufgehoben. Zwei Zähne müssen gezogen werden. Dafür bekomme ich eine halbe Portion Narkose. Ich empfinde auch anderweitig keinen Schmerz und stelle fest, dass ich die Schmerzunempfindlichkeit der Umstellungsphase weiterhin beibehalten habe.

Die Narkose hält über vier bis fünf Stunden an, was – wie ich vermute – mindestens doppelt so lange ist wie bei anderen Patienten. Am folgenden Tag fühle ich mich unwohl und vergiftet und sehe auch so aus. Mir ist schwindlig und leicht übel. Ich überlege, ob ich diese Reaktion hätte besser abfangen können, wenn ich unmittelbar nach der Zahnbehandlung mehr Wasser getrunken hätte. Ich ging aber gleich arbeiten und trank zu wenig. Daher muss ich gleich das gute Wasser von dem Umkehrosmose-Gerät trinken, das ich von der Firma Weber Bio-Energie Systeme und Umwelt Technologie (weberbio.de) besitze. Mit „gutem Wasser“ meine ich Wasser, das lebendig und gefiltert ist, von den üblichen Giften und

Hormonen sowie Antidepressiva u.s.w., die im Trinkwasser in den Städten festzustellen sind.

Bei Umkehrosmose-Wasser ist die Zellwand der Wassermoleküle durchlässig und dadurch vollkommen geeignet, um das Zellgewebe des Körpers zu entgiften. Man muss nur genügend davon trinken. Ich verfolge auch die Ausscheidung über die Nieren und beobachte den Geruch, die Farbe und die Dichte des Urins. Darüber hinaus brauche ich unbedingt Bewegung, was bei mir sowieso üblich ist, wenn ich mich nicht wohl fühle. Das ist jetzt etwas problematisch, denn ich finde es aufgrund des Schwindelgefühls schwer, geradeaus zu laufen. Wahrscheinlich sehe ich aus wie eine Frau, die einen leichten Schwips hat. Niemand würde mir glauben, dass ich nur bei der Zahnärztin gewesen war. Also, zuerst das ganze System durchspülen und dann nichts wie los! Sehr schnell erhole ich mich von dieser kleinen Episode.

Nach drei Monaten ist die einwandfreie Arbeit der kompetenten Zahnärztin abgeschlossen. Nach den Terminen bin ich imstande, die Ausscheidung der Behandlungsmittel durch die Haut, den Urin, den Stuhl und den Körpergeruch zu verfolgen. Mein Körper kann gut mit ihnen umgehen. Ich spüle das System kräftig mit „gutem Wasser“ durch. Ich trinke auch Zitronenwasser mit Honig, was sehr entgiftend und basisch ist. Bewegung in der frischen Luft sowie Entgiftungsbäder ergänzen mein Programm.

Ich bin sehr dankbar, dass alles so gut gelaufen ist und mein pranischer Körper die Behandlung so gut überstanden hat. Erst zum Schluss habe ich die Zahnärztin über meinen Ernährungsmodus informiert.

13.12.2017

Winterliche Kälte in Deutschland ist ein Thema für sich.

Bereits im Herbst hat mein Körper auf die erste Abkühlung mit Überempfindlichkeit und Unbehagen reagiert. Die Erinnerungen an die Kälte des Frühlings sind noch in den Zellen präsent. Die schnelle

Gewichtsabnahme und die etwas langsamere Blutzirkulation haben für niedrigere Temperaturen untauglich gemacht.

Ich überlege, ob es sinnvoll wäre, in eine der französischen Kolonien umzusiedeln. Nein, Kolonien werden sie nicht mehr genannt. Aber die Spuren des französischen Größenwahns sind noch vorhanden, und ich könnte dort nicht guten Gewissens leben. Zumal die ursprüngliche Bevölkerung in sehr ärmlichen Verhältnissen lebt. Arm und jetzt auch noch ohne Wurzeln im ehemaligen Paradies. Zählen die Bewohner von Madagaskar nicht zu einem der ärmsten Völker der Welt?

Somit war das Thema der Auswanderung schnell abgeschlossen. Die tiefen Verbindungen, die ich mit Deutschland, mit der deutschen Sprache, mit den Menschen über die Jahrzehnte geknüpft und entwickelt habe, können nicht einfach so aufgelöst werden. Das Bedürfnis nach Wärme reicht nicht aus, um ein Land und Menschen, die mir so teuer sind, zu verlassen. Ich kann meine tiefgründige Entfaltung von diesem Land nicht trennen. Hier gibt es Eigenschaften und Möglichkeiten, die mich auf diesem spirituellen Weg unterstützen. Überhaupt fühle ich mich im deutschsprachigen Raum gut angenommen, so wie ich bin, und spüre eine stimmige Resonanz mit meiner Umgebung. Ich mag die Menschen und den zuverlässigen Umgang mit ihnen. Ich bin dankbar hier leben zu dürfen, wo es mir gefällt.

Gut, dann bleibe ich hier. Ich brauche wärmere Kleidung, vor allem warmes Schuhwerk. Schon im Frühling habe ich bestimmte Methoden der Körperpflege und Gewohnheiten übernommen, die mich warm und gesund halten. Zusätzlich verwende ich nun Gewürze, die Wärme erzeugen wie Zimt oder Ingwer und mache aus ihnen heiße Getränke oder vermische sie mit Honig. Auf keinen Fall darf das Wasser kochend heiß sein, sonst werden die positiven Inhaltsstoffe des Honigs zerstört und verwandeln sich in ungünstige chemische Zusammensetzung für den Körper, laut der Ayurvedischen Lehre.

Ich mache alles, um meinen Organismus zu trainieren, damit er widerstandsfähig wird und lernt, selber Wärme zu erzeugen. Der Kontrast warm/kalt ist sehr anregend: sobald ich aus dem Bett steige, laufe ich barfuß in den Garten, auch wenn Schnee liegt. Dann trockne ich meine Füße ab und ziehe warme Socken und Hausschuhe an. Der ganze Mensch erfreut sich daran und der Blutkreislauf wird gestärkt und stabilisiert. Warm-kalte Wechselduschen sind ebenfalls sehr gesund und wohltuend. Das Immunsystem wird widerstandsfähiger. Glücklicherweise habe ich eine bequeme, wohl temperierte Wohnung, warme Kleidung und alles zur Verfügung, was ich brauche. Was für ein Segen! Nur zehn Prozent der Menschen leben in dieser Fülle. Und ich gehöre dazu! Es ist fast eine Herausforderung, etwas Besonderes aus dieser Situation zu machen, nicht wahr? Dankbar sein, ist der erste Schritt.

Zusätzlich zu der Reizwirkung des Kalt-/Warm-Wechsels bestehe ich darauf, dass es in meiner Wohnung nicht zu warm ist. Ich ziehe es vor, mehrere Schichten Kleidung und nach Bedarf zwei Paar Socken zu tragen, als im T-Shirt in einem überhitzten Raum zu sein, wo Nasenschleimhaut, Haare und Haut trocken, der Geist schläfrig und unklar und der Körper faul und bequem werden.

Ich achte auf meinen Stoffwechsel und darauf, dass ich nicht zu dünn werde. Zum Honig, den ich gelegentlich esse, speise ich manchmal auch Sesammus, das mir Fett zuführt und meinem Fröstelgefühl entgegenwirkt. Ich habe im Frühling darunter gelitten und entwickle jetzt eine angepasste Strategie. Der Honig unterbricht nicht den pranischen Zustand, der mittlerweile gut etabliert ist.

Ein weiterer Punkt, den ich von meiner Umstellung auf Lichtnahrung im Frühling beobachtet habe, ist der gedankliche Umgang, die ständige Beschäftigung mit der Angst vor Kälte. Man unterhält sich gerne darüber, wie furchtbar kalt es ist oder bei irgendeiner Gelegenheit war. Man pflegt die Vorahnung. Die Frostbeule wird aber nicht besser, wenn sie sich auf ihr Dasein als Frostbeule konzentriert. Im Gegenteil. Deshalb tue ich alles, um kein Opfer des Vorausdenkens zu sein, sondern um meinen Organismus zu trainieren, gute Gewohnheiten zu verfolgen und Widerstandskraft zu entwickeln. Das alles verleiht mir eine starke Lebenskraft. Und psychisch bin ich weniger angreifbar und abhängig von den äußeren, thermischen Schwankungen.

Durch die Umstellung auf Prana bin ich wetterfühliger geworden. Laune, Körpergewebe, Knochen, Wasserhaushalt, Gelenke, Kälte Überempfindlichkeit, Schlafrhythmen: Zwar melden sie sich nicht alle gleichzeitig und nicht jedes Mal gleich intensiv, aber ich bin definitiv empfänglicher für thermischen und atmosphärischen Druck. Mein Organismus kann sogar ein paar grad Temperaturverschiebung nach unten registrieren und die Knochen nehmen Feuchtigkeit sehr subtil aber sehr deutlich wahr. Kurz gesagt, ich bin ein menschliches Barometer geworden, nicht nur für das Wetter, sondern auch für die Tagesschwingung: Horche ich nach innen, erfühle ich, welche Tätigkeit an welchem Tag günstig und sinnvoll ist. Dann läuft alles wunderbar und ich erledige eine Menge Arbeit sowohl geistig als auch körperlich. Ich bin im Fluss, im Einklang mit mir und mit der Frequenz des Tages. Jeder Tag ist einmalig und gleichzeitig Ergebnis und Träger unterschiedlicher Einflüsse, seien sie kosmisch, astrologisch, atmosphärisch, energetisch, politisch, psychisch u.s.w. ... um nur einige Strömungen zu erwähnen, die mir gerade einfallen. Es gibt wesentlich mehr Einflüsse, innere sowie äußere, bekannte sowie unbekannte, die uns unterschiedlich stimmen, motivieren und moderieren. Ich stehe frühmorgens auf und spüre hinein in die Schwingungen des Tages und in meine innere Verfassung. Meine Absicht ist es dann, denjenigen Energiestrom intuitiv ausfindig zu machen, der am besten harmonisch, produktiv oder kreativ fließt. Es geht darum, sich da einzuklinken, bis es persönlich stimmig ist. Zahlreiche Termine, Verpflichtungen u.s.w. verkomplizieren das Spiel, es ist aber die Kunst, den Alltag zu meistern, indem man bei sich bleibt. Vieles, was für mich uninteressant oder gar sinnlos ist, mache ich nicht mit. Das Leben ist zu kostbar, um es an Leute oder Tätigkeiten zu verschwenden, zu denen ich keine Resonanz oder nur wenig habe.

Das ist ein Winter der Konzentration mit Entrümpeln auf allen Ebenen. Nichts Seltenes bei mir. Genauso wie ich keine feste Nahrung mehr brauche, benötige ich viele andere Sachen auch nicht mehr. Ich habe meine kleine Wohnung umgestellt. Jetzt bietet sie mir viel Raum für Bewegung. Und Leere - leere Regale, leere Tische und leere Wände.

Ich bin auf dem Glatteis gestürzt. Am linken Ellenbogen hat sich ein großes Hämatom gebildet. Es sieht unschön aus, aber ich empfinde keinerlei Schmerz. Ich bin für den heftigen Sturz dankbar, denn er bestätigt, dass ich keine Osteoporose habe. Der Heilungsprozess läuft sehr gut. Mit Freude stelle ich fest, wie gut der Körper im 8. Prana-Monat reagiert und sich regeneriert. In diesem Zusammenhang kann ich auch berichten, dass andere kleine Verletzungen wie ein Schnitt am Finger oder ein Infekt schnell und gründlich verheilen am Zeh. Der Blutgerinnungsprozess funktioniert auch einwandfrei.

Ein Gewürz möchte ich gerne erwähnen, das besonders im Winter immer wieder hilfreich ist, weil es Wärme zuführt: Zimt. Als weitere wunderbare Eigenschaften sind die Anregung der Durchblutung, die Stabilisierung des Kreislaufs und Reinigung des Darmes zu nennen ebenso wie die Verbesserung der Konzentrationsfähigkeit und klarem Denken. Ich schätze seine Wirkung sowie seinen Geschmack und mische ihn gerne mit Honig und warmem Wasser zu einem wohltuenden Getränk.

Natürlich achte ich gut auf meine Gesundheit. Ich behandle mich mit der informativen Energetik, die ich aus verschiedenen Systemen entwickelt habe. Ich führe auch immer wieder allgemeine Kontrollen durch, um meinen Zustand objektiv zu überprüfen. Ich habe weiterhin viel Kraft, jetzt aber im normalen Rahmen, nicht mehr so viel wie im Sommer, wo ich regelrecht vom Mars angetrieben wurde. Ich erlebe die Winterstimmung, wie ich sie üblicherweise kenne:

verinnerlicht, mit längeren Schlafphasen, dem Bedürfnis nach Ruhe und Lust auf Studium.

Ich habe zugenommen, was ich erzielt habe als Schutz gegen die Kälte. Wieder einmal ist eine große Reinigung im Gange, und zwar auf mehreren Ebenen: von der Kopfhaut bis zum infizierten Zeh: die Zunge ist belegt, die Haut bringt ein paar Rötungen hervor und die Ausscheidung über den Darm meldet sich, wenn auch flüssig. Kleine Infekte, die wir unbemerkt mit uns herumtragen, belasten den Körper besonders im Alter und wollen heraus. Deshalb freue ich mich über diese Reaktion meines Körpers.

Januar 2018

Außer der Kälte begegnet mir im Januar keine große Herausforderung. Dafür habe ich entschieden, mir richtig warme Winterkleidung und gutes Schuhwerk zu kaufen. Das erspart mir das Frieren und damit das Jammern.

Da der Kreislauf teilwiese unstabil war, habe ich wieder angefangen, in die Sauna zu gehen. Jahrelang war ich eine leidenschaftliche Saunabesucherin, verzichtete jedoch darauf, als ich mich auf Lichtnahrung umstelle. Mein guter, lieber Körper freut sich nun über die warme Luft und das Wasser. Er schwitzt sogar, was im pranischen Zustand eine seltene Reaktion ist. Alles funktioniert bestens. Beim ersten Saunabesuch zwinge ich mich nicht zu den kalten Duschen und Bädern. Ich bin aber zuversichtlich, dass ich meine alten Gewohnheiten wieder aufnehmen und bald wieder in die kalten Becken springen werde. Fürs Erste haben drei Gänge gereicht, um meinen Kreislauf in Schwung zu bringen. Jetzt spüre ich, wie das Blut tatsächlich bis in meine Zehen und Finger pulsiert.

An dieser Stelle muss ich meinem Körper ein großes Lob und großen Dank aussprechen für die vielen Abenteuer, durch die er mich über 64 Jahre begleitet hat und im Besonderen für sein Verhalten in diesem Experiment. Faszinierend finde ich, dass er das empiristische Wissen und die Erinnerung and die Sauna-Erfahrung gespeichert hat und diese so leicht wieder hervorrufen kann. Nicht nur in Verbindung mit Schwitzen, sondern auch bei unterschiedlichen körperlichen Übungen und Trainings. Teilweise war ich sehr hart mit ihm, ich habe ihn vernachlässig, habe seine Reaktionen ignoriert, wollte einfach funktionieren und den anderen nacheifern. Ich habe ihn falsch ernährt und trotzdem viel von ihm verlangt und hart gearbeitet. Lange Fastenkuren habe ich wider besseren Wissens um die Gesundheit des Körpers abrupt beendet.

Ich nahm den funktionierenden Körper als selbstverständlich hin - ohne Dankbarkeit und ohne Anerkennung. Er hat viel mitgemacht, ohne groß zu klagen. Er war teilweise akut und sehr krank und sprach nicht an auf die Schulmedizin. Aber dafür zeigte er mir andere, neue Wege, die mein Leben, meine Forschung und mein Vertrauen in meinen Körper geprägt haben. Ich weiß, dass mein Körper recht hat. Nur eines wollte er nie: Drogen, legale oder illegale, starke Medizin, Gifte und Alkohol. Da hat er sich vehement gemeldet. Heute bin ich ihm dafür dankbar. Ich musste erbrechen und hatte höllische Kopfschmerzen. Während die andern angeblich im siebten Himmel schwebten, hing ich mit dem Kopf über der Toilette. Ich hasste mich dafür. Weil ich in keiner Hinsicht zu den Leuten passte. „Wo passe ich überhaupt hin auf dieser Erde?“, fragte ich mich. „Nirgendwo“, war meine Antwort. Nach dieser Erkenntnis benahm ich mich, als wäre ich ein Gast auf diesem Planeten. Auch als Besucher kann man sich wohlfühlen, zwar ist vieles fremd, dafür aber faszinierend.

Ich bin immer noch hier. Das ist ein Wunder und so wie es mir jetzt gerade geht, wage ich zu sagen, es hält noch einige Jahre an, bis ich meinen Besuch auf der Erde beende. Und zwar pranisch. Meinen gegenwärtigen Zustand zusammenfassend kann ich klar behaupten: je länger Lichtnahrung, umso besser, denn ich habe im Januar den neunten Monat erreicht.

Vielleicht können auch Sie Ihrem Körper „Danke schön“ sagen? Das ist Ihr Vehikel, mit dem Sie in dieser Dimension navigieren. Seien Sie gut zu ihm. Er wird es Ihnen danken und Ihnen gut dienen.

Eine Beobachtung, die ich noch nicht preisgegeben habe, ist die Tatsache, dass meine Libido mit der Zunahme des Lichtes in meinen Zellen erloschen ist. Ich habe noch in keinem Bericht gelesen, dass die Umstellung auf LN sexuelle Funktionen ruhiggestellt habe. Hierzu werden sich bestimmt zwanzig virile Männer, die seit Jahrzehnten pranisch leben zu Wort melden und genau das Gegenteil behaupten! Ich berichte hier allerdings ausschließlich über mein eigenes bescheidenes Erleben.

Die Libido ist nicht nur für ein paar Wochen ausgeblieben, um sich dann wieder zu melden. Nein, sie ist immer noch verschwunden und bleibt in meiner Erinnerung wie der Geschmack einer reifen Birne, einer lauen Herbstbrise in der Dämmerung und der Duft des Flieders nach einem Frühlingsschauer. Eine wunderbare Erinnerung, wobei ich noch ganz genau weiß, wie die Lust sich anfühlt, schmeckt und riecht, ich nun aber kein Bedürfnis danach verspüre. Eine Erinnerung, eine Prägung in meinem menschlichen Bewusstsein. Nicht mehr, nicht weniger. Ich empfinde es sogar wie eine Befreiung.

Und ich habe noch Wertvolleres entdeckt. Neue Antennen sind aus allen Poren gewachsen und ich genieße umso mehr alles, was mich umgibt. Die Wahrnehmung ist feiner und stärker eingestellt und Empfindungen dringen tiefer in mich hinein. Das Licht strahlt aus vielen Menschen und Dingen. Unwillkürlich genieße ich die unterschiedlichen schwarzen Farbnuancen, die die Dame mir gegenüber in ihrer Kleidung trägt. Die Beschaffenheit der schwarzen Farbe bietet Variationen, die ich früher übersehen hätte. Das ganze Leben erscheint mir viel nuancierter. Meine Intuition und mein Intellekt sind wacher und klarer und ich fühle mich wesentlich erfüllter als vor der Lichtnahrungsphase. Ich kann besser manifestieren, bin konsequenter und authentischer, was nicht immer leicht für meine Umgebung ist. Sich mit der Wahrheit auseinanderzusetzen, ist nur etwas für mutige Seelen, denn es ist einfacher, in einem Meer der Selbsttäuschung auf der Oberfläche des allgemeinen Konsenses dahinzuplätschern. Ist es nicht dringend notwendig, in die Tiefe zu gehen, die Wahrheit zu erkennen und sich zu ihr zu bekennen? Glauben Sie bitte nicht, dass mir das immer leichtfällt. Ich werde an meine Grenzen getrieben und mit meiner ganzen Menschlichkeit konfrontiert: Aber was richtig und aufrichtig ist, im Einklang mit der höchsten Ordnung steht, wird anerkannt und hat das letzte Wort. Das drückt sich aus durch und über das Herz, durch Empathie und Enthusiasmus (im ursprünglichen Sinne des Wortes aus dem Altgriechischen „Enthousiazen" vom Göttlichen inspiriert) durch die Gnade. Aber auch gleichzeitig durch klares Denken, Fühlen und Wahrnehmen durch die durchsichtigen Fühler der Aura.

Februar 2018

Mein Sehvermögen hat sich durch die Übungen, die ich durchgeführt habe, verbessert. Vor Jahren habe ich festgestellt, dass das Sehen wohl auch von der psychischen Verfassung abhängig ist. Beobachten Sie Ihre Augen und deren Aufnahmefähigkeit in Verbindung mit Ihren inneren Einstellungen, Launen und Prozessen. Psychologisch gesehen werden Sie eine Menge an Ein-sichten gewinnen und einiges durchschauen. Die ganze Geschichte hängt nicht nur mit Dioptrien zusammen. Diese unterliegen tatsächlich geistigen und seelischen Schwankungen. Was meinen Sie dazu? Allerdings gehört für mich das Lesen sehr klein gedruckter Fahrpläne ohne Brille der Vergangenheit an. Zumindest an den meisten Tagen und vor allem, wenn es recht schnell gehen muss.

Im Februar tauchen einige Unstimmigkeiten auf mit Lieferfirmen, Bestellungen und in der Zusammenarbeit mit Mitstreitern. Kooperatives Wirken und guter Wille bringen mit der Zeit zufriedenstellende Lösungen.

Jetzt kündigt sich eine Klärungswelle in zwischenmenschlichen Belangen unter Freunden, Bekannten und beruflichen Partnern an. Entweder aus ihrer persönlichen Situation heraus oder auf meine Anregung hin. Ich kann nämlich keine belanglose Kommunikation mehr ertragen, keine oberflächliche Ablenkung. Ich habe das Bedürfnis nach konzentriertem, gezielt fruchtbarem Austausch. Oder nach Stille, nach Meditation, nach Innenwendung. Entweder – oder, bloß kein oberflächliches, sinnfreies Geplänkel.

Dafür haben sich einige Beziehungen positiv entwickelt und sind tiefer und essentieller geworden. Nährende, zuverlässige Verbindungen zu Freunden und Mitstreitern sind für mich eine wahrhaftige Quelle der Erfüllung. Ich bin zutiefst dankbar.

Bei der sogenannten großen Konjunktur nähern sich alle 20 Jahre Jupiter und Saturn allmählich an. Diese Position bewirkt eine starke Polarisierung durch die langsame Annäherung dieser zwei entgegengesetzten Wirkungsfelder der Planeten. Bis zum 21.12.2020 wird ihr Einfluss spürbar sein. Die letzte große Konjunktur fand in 2000 statt.

Allgemein wird Saturn als blockierend und negativ gedeutet und sogar gute Astrologen befürchten seinen negativen Einfluss. Das finde ich Schade. Auch wenn ich keine Astrologin bin und nur über begrenzte Kenntnisse verfüge, möchte ich eine differenzierte Beschreibung anbieten. Astrologie ist eine sehr alte Wissenschaft. Ich habe mich mit der saturnischen Wirkung schon sehr ausführlich auseinandergesetzt, als im Alter von 28 Jahren mein Leben und mein Weltbild völlig auf dem Kopf gestellt wurden. Ich wurde schwer krank, war konfus und wurde mit Wahrnehmungen konfrontiert, die mir andere Dimensionen eröffneten. Ich wurde wachgerüttelt. Ich musste meine Hellsichtigkeit annehmen und in den Dienst der Menschen und des Lebens stellen. Sich mit dem Saturn anzufreunden, bedeutet den Höheren Willen zu akzeptieren, ihn anzunehmen, sich ihm in Freiheit und Würde hinzugeben, um mit ihm kreativ zusammenzuarbeiten. Saturn weist auf bestimmte Themen hin und stellt unbequeme Fragen wie: „Lebst Du im Einklang mit deiner Seele, mit ihrem Plan? Entspricht deine Seelenreise dem, was Du dir als Seele vorgenommen hast?“ Sein Einfluss zwingt einen dazu, zu revidieren, was möglicherweise vermieden oder überbewertet worden ist. Saturn scheint unsere tiefen Schwächen zu kennen. Er holt sie hervor und ist, wenn es sein muss, ein Experte, was Grenzen und Abgrenzung betrifft. Er ist ein strenger Lehrer. Ist man imstande, seine Lektion zu verinnerlichen und den tiefen Sinn der Auseinandersetzung zu verstehen und Veränderungen im Leben, im Denken und im Verhalten einzuführen, zu integrieren, ist die Belohnung groß. Und zwar größer, als man sich je vorstellen könnte.

In meinem Fall habe ich meine Berufung mit 28 Jahren gefunden. Für das Ego ist der Preis groß, mal mit Verlust verbunden, mal mit Konfrontation und Durchsetzung. Die Wirkung des Planeten ist aber stets ein Lernauftrag und stellt keine Bestrafung dar im Gegensatz zu dem, was häufig empfunden oder behauptet wird. Er zwingt einen zwar dazu, nach innen zu gehen, in die Tiefe zu schauen, kompromisslos auszuräumen, was oberflächlich, unwahr oder ungültig ist oder geworden ist. Wohl ist er ein Wachrüttler. Umso mehr wird bis Ende 2020 sein Einfluss zu spüren sein, weil Jupiter sein gegenüber in dieser Konjunktur ist. Und der mag keinerlei Einschränkungen: Ganz im Gegenteil will er wachsen, nach außen gehen, die Welt erkunden, Freiheit und Wahrheit verkünden. Wie sollen sie sich also vertragen? Gar nicht, wenn man nur an ihre Gegensätze denkt. Doch, es gibt darüber hinaus die Möglichkeit durch vermeintliche Einschränkungen ohne Last zu höherer Freiheit und Einhaltung des Seelenauftrags zu gelangen.

Das beinhaltet viele Möglichkeiten, auch wenn das Zerren beider Planeten an die Substanz gehen kann.

Aber ich frage Sie. Wozu sind wir da? Hier im 21. Jahrhundert inkarniert mit wachsendem Bewusstsein?

Irgendwann gelten die alten Spielregeln nicht mehr, und dann muss eine neue Ordnung entstehen. Möge sie wahrhaftig sein, im Einklang stehen mit der Weltseele und im Dienste aller Wesen, dem Gemeinwohl dienend.

Menschen mit stark aspektiertem Saturn und Jupiter werden umso deutlicher deren Wirkung zu spüren bekommen. Alle, die gesamte Gesellschaft und die Welt, sollten von ihren transformierenden Einflüssen geprägt werden. Wir können entweder davon profitieren und dadurch neue Ufer entdecken und erforschen oder den Eindruck gewinnen, dass wir Spielball von Zufall und Willkür sind. Das liegt in unserer Entscheidung.

Eine letzte Herausforderung der besonderen Jupiter-Saturn-Beziehung besteht darin, dass ersterer nach außen und der andere nach innen gerichtet ist. Sie besitzen also eine entgegengesetzte Ausrichtung. Ist die psychische Verfassung disharmonisch, fühlt sich der Mensch zerrissen und von Konflikten im Inneren sowie im Äußeren umgeben. Im harmonischen Zustand ist er dagegen abgrenzungsfähig und erkennt die Notwendigkeit beider Tendenzen.

Im besten Fall entsteht eine authentische Überbrückung zwischen dem Esoterischen, das heißt dem verborgenen, inwendigen und dem Exoterischen, das heißt nach außen gerichtetem Aspekt seines Wesens und seines Lebens. Das entspricht Gleichklang. Bevor dieses Ziel erreicht wird, kann es jedoch sein, dass einige Schwankungen und Umwege erlebt werden.

Zusätzlich würde ich gerne noch einen Aspekt dieser Konjunktur erklären, nämlich die Verbindung von Freiheit (Jupiter) und Disziplin (Saturn), die – harmonisch aufeinander abgestimmt – eine größere Chance zu Selbstbestimmung verleihen kann. Auf alle Fälle ist es faszinierend, die Entwicklung im Inneren sowie die Auswirkung auf die Gesellschaft zu verfolgen.

Bewegung erzeugt Wärme. Ich brauche mehr Bewegung. Und somit kaufe ich mir ein Trampolin, um den Energieüberschuss gesund und sinnvoll auszuleben. Es bietet ein differenzierteres Übungsfeld für meinen Organismus als mein strenges Krafttraining. Das mache ich zwar weiter, aber nicht mehr täglich, sondern nur noch dreimal wöchentlich. Ein Ausgleich zum Krafttraining ist für mich wichtig. Springen auf dem Trampolin tut mir gut, weil es die Faszien lockert und auf das lymphatische System wirkt. Könnte das auch eine Auswirkung von unseren zwei entgegengesetzten Planeten sein? Entsteht aus zwei konträren Situationen eine neue, dritte Option, die die Extreme vereint und transzendiert? Beobachten Sie diese Muster auch in anderen Bereichen?

Der pranische Zustand ist immer mehr Teil meines Lebens. Klarheit und Klärung in allen Bereichen ist eine begleitende Auswirkung des Lichtes in den verschiedenen Ebenen meines Daseins. Gleichzeitig wirft es seinen Strahl auf das Unklare: Widersprüche, inkonsequentes, unlogisches Denken und Verhalten sowie Täuschung. In manchen Situationen ist es so, dass Unfaires, Manipulatives aufgedeckt wird und Gerechtigkeit siegt. Das war ein Lieblingsthema meiner Kindheit. Manchmal fand ich keinen Schlaf, weil Ethik und Aufrichtigkeit verletzt wurden. Immer wieder wurde ich in diesem Leben mit dem Thema konfrontiert und immer wieder komme ich zum selben Schluss: bleib dir treu, sei ehrlich, auch wenn der Preis hoch ist und oftmals mit Ablehnung, Bestrafung und Verlust einhergeht. Das ist aber nur eine unmittelbare Illusion. Auf Dauer gewinnt das Wahre. Das wusste bereits das Kind.

Gelegentlich taucht aus meiner Umgebung die Frage auf: Darfst Du das?

Dieses Phänomen ist unter Vegetariern und Veganern bekannt. Ein Lebensmittel wird als besonders schlecht oder als verboten erachtet und befeuert die Kontrollfrage mit ganz vielen Fragezeichen. Lichtnahrung und andere Nahrungsumstellungen haben nichts zu tun mit Dürfen oder Nicht-Dürfen – außer man sollte aus gesundheitlichen Gründen einen bestimmten Stoff ausschließen wie z. B. Zucker bei einer Diabetes Erkrankung. Bei Prana Nahrung, Vegetarismus und Veganismus geht es um Bewusstsein und Selbstverantwortung. Natürlich gilt es auch, die Reaktion des Körpers mit einzubeziehen. In den meisten Fällen kann man sie kaum übersehen. Ich zumindest nicht!

März 2018

Die große Kältewelle habe ich, insgesamt betrachtet, gut überstanden. Ich besuchte kurz eine Freundin in den Bergen. Teilweise war mir so kalt, dass ich das kleine Stück Schokolade gegessen habe, das öfters zusammen mit heißen Getränken angeboten wird. Sie schmeckt nicht nur herrlich, sondern entfacht eine unglaubliche Wärme in mir. Jedes Mal aber spüre ich wie meine Schwingung dadurch sinkt und erschwert wird. Das Schlimmste kommt aber erst später, als ich feststelle, dass meine Verdauungsorgane die Schokolade kaum bewältigen können. Anders ausgedrückt sie „verrußt" mein System und ich fühle mich ein paar Tage unwohl, bis die süße Verführung ausgeschieden ist.

Infolgedessen werde ich von einem ausgesprochenen Reinigungsdrang gepackt: ich mache Entschlackungsbäder und trinke Ingwerwasser u.s.w. Die Wirkung lässt nicht lange auf sich warten. Eine schlagartige Entgiftungsreaktion meldet sich mit voller Wucht durch die Haut und den Darm, was in sich eine gute Sache ist, nur ein wenig zu kraftvoll. Mein Organismus reagiert unmittelbar und sehr deutlich auf Impulse. Weniger ist mehr: Das gilt für mich jetzt mehr denn je. Das muss ich mir richtig verinnerlichen und mich danach richten. Saturn und der Körper verteidigen ihre Grenzen. Ich habe verstanden und bin damit einverstanden.

Wenn ich unter der Kälte leide, denke ich an die Menschen, die draußen übernachten müssen. Natürlich kenne ich sie nicht alle, aber die Roma aus Rumänien sind mir aufgefallen. Die Menschen, die betteln und die verachtet werden. Sind sie wirklich in Mafiaähnlichen Banden organisiert, um Bürger zu belästigen und ihnen Geld aus der Tasche zu ziehen, wie eine Zeitung schreibt? Die Kommunikation mit den Menschen ist schwierig, denn die meisten Roma sprechen kein Deutsch. Aber ich erfahre, dass mehrere von ihnen hier gestrandet sind, weil sie keine Papiere besitzen und nicht nach Hause fahren können. Manche müssen anscheinend für die Rückreise das Geld aus dem gebettelten Ertrag aufbringen. Dass sie einigermaßen organisiert sind, daran gibt es keine Zweifel. Man braucht kein Soziologe zu sein, um zu ahnen, dass auch unter ihnen eine Art Hierarchie herrscht, wo möglicherweise einer oder eine kleine Gruppe, die anderen kontrolliert und/oder ausbeutet.

Basiert unsere schöne Gesellschaft nicht auf demselben Muster? Auf alle Fälle ist es keineswegs heldenhaft, die Schwächsten und

Ärmsten zu erniedrigen, an ihrer letzten Würde, ihrer menschlichen Würde zu kratzen. Und das ist nicht wenig. Sie enthält den göttlichen Funken, der auch in ihnen mitpulsiert. Genau derselbe. Spüren Sie da bitte hinein! Es ist das Empfinden der geteilten und doch gemeinsamen Menschlichkeit, die mich dazu treibt, auch wenn es mich friert, mich zusammenzureißen und mit einer Kanne heißem Chai (der Schwarztee der Roma, ihr Lieblingsgetränk, wie ich erfahren habe) und ein paar selbstgemachten, belegten Broten zu ihnen zu fahren. Ihre von der Kälte geschwollenen, schmerzenden Finger können die Tasse und das Brot kaum halten. Ja, sie haben mehrere Nächte bei Minus-Temperaturen im Freien verbracht. Ich wende mich meistens an die Frauen, denn wie überall tragen die Frauen die schwersten Lasten und sind durch die patriarchalen Strukturen, die auch unter den Roma herrschen, in ihrer Unversehrtheit gefährdet. Manchmal können wir uns verständigen, ein wenig italienisch, sogar russisch hilft. Ein Lächeln, Verständnis und Menschlichkeit, und schon sind sie keine anonymen bettelnden Menschen mehr, sondern jeder hat sein Lächeln, seine Art, seine Persönlichkeit, seine Geschichte. In der Tat erfahre ich einiges von ihnen. Ich achte sie.

Sie meinen, das hat nichts mit Lichtnahrung zu tun? Bereits vor der Umstellung war ich mitfühlend. Jetzt packt es mich aber umso mehr, denn das Licht öffnet das Herz. Nicht für süßes Geschwafel, ganz im Gegenteil. Dagegen bin ich regelrecht allergisch geworden. Das Licht prägt das Reservoir an Liebe dahingehend, dass es in die Umwelt ausfließt. Meine offene Empfindung erkennt eindeutig und unmittelbar, was nicht in der Ordnung der Dinge liegt und nicht der Wahrheit entspricht, auch wenn wir uns an bestimmte Zustände gewöhnt haben und diese für „normal" halten und „tolerieren".

Jeden Tag rufe ich das Höchste Licht an und bete darum, dass es Ungerechtes aufdeckt und unzulässiges Ungleichgewicht wieder in die Balance bringt. Heute Morgen werde ich wieder zu den Menschen hinfahren, die draußen sind, denn es schneit und es ist bitter kalt.

Die Lichtnahrung ist immer noch die richtige Ernährungsweise für mich. Sie ist für mich normal geworden und ich vermisse nichts. Mein Leben hat sich verändert, ist erfüllt von sinnlichen Eindrücken, von intellektuellen, geistigen und inspirierenden Eingebungen, von tiefen Einsichten in mich und in andere Wesen, von fast unbeschreiblichen Abläufen in Raum und Zeit. Seit elf Monaten bin ich pranisch und es geht mir immer besser. Mein Zustand ist stabil und widerstandsfähig. Ich bin sehr aktiv und arbeite viel. Laut meinen letzten Messungen mangelt es mir an nichts, und rein subjektiv fühle ich mich wohl. Die Schlafdauer hat sich auf vier Stunden pro Nacht reduziert. Ein Schläfchen tagsüber tut mir gut, wenn es möglich ist.

09.04.2018

Aus verschiedenen Gründen sind meine Einträge immer weniger geworden. Erstens, weil mein pranischer Lebensmodus nun vollständig zu meinem Alltag gehört und es wenig Neues zu berichten gibt. Zweitens, weil ich in einer intensiven Phase der Verinnerlichung immer tiefer hinein reise. Ich bin lakonisch, kurz angebunden, introvertiert und hoch konzentriert. Abweichungen, Ablenkungen, Geplapper, Belangloses, Albernes und Verwässertes kann ich im Moment nicht ertragen. Glücklicherweise bin ich von wunderbaren, zuverlässigen Menschen umgeben, die auch inhaltlich Gehaltvolles und gesunden Sachverhalt schätzen. Nicht dass wir uns nur geschäftsmäßig verhalten würden, sondern es herrscht Klarheit in der Absicht, Zuverlässigkeit und Ausgerichtetheit. Und gegenseitiger Respekt, Verständnis und Zuneigung müssen nicht ständig von oberflächlichen „Liebesbeweisen" untermauert werden. Ich fühle mich wohl mit dieser Art des Umgangs, frei, geschätzt, loyal und angenommen wie ich bin, und ich akzeptiere auch die anderen wie sie sind. Immer wieder entstehen so eine wunderbare Zusammenarbeit und wechselseitige Ergänzung.

Momentan nehme ich mir die Freiheit eines radikalen Rückzugs – oder genauer gesagt, ich kann wirklich nicht anders. Mit unterschiedlichen energetischen Forschungen beschäftigt, befinde ich mich auf einer Art inneren Reise, über die es momentan nichts Konkretes zu erzählen gibt.

Ich bin am Suchen, aber Wonach ist noch nicht klar, auch wenn ich von meiner Inspiration immer wieder Hinweise und Eingebungen erhalte, wie Stücke eines Puzzles, das erst aus Fragmenten zu einem stimmigen Bild zusammengesetzt werden muss. In der Stille liegen die Antworten und die neuen Ideen.

Diese Phasen der Verinnerlichung sind mir nicht fremd, mehrere davon habe ich hinter mir. Früher habe ich mit Unverständnis reagiert und habe mich gezwungen, etwas zu unternehmen, nach draußen zu gehen und mich zu betätigen. Einfach nur „normal" handeln, „normal" erscheinen. In meinen jüngeren Jahren hatte ich zudem Angst, mich von einem inneren Sog aufsaugen zu lassen, was ein ernstes Bedenken war, würde ich heute behaupten. Erst vor 15 Jahren lieferte mir ein Imam, ein weiser östlicher Mensch, eine Erklärung für diese immer wiederkehrenden Phasen. In fehlerhaftem Deutsch erklärte er mir, ich sei ein Derwisch wie er, und dass wir manchmal ganz ruhig sein müssen, mit niemandem sprechen wollen und nur das Nötige in der äußeren Welt tun können. Wie ein Einsiedler ging er in diesen Phasen gänzlich in den Rückzug, nahm keine Nahrung zu sich, kommunizierte mit niemandem und wollte ungestört bleiben, einfach nur, um Stille zu schaffen, um sich empfänglich zu machen für die innere Stimme und für die inneren Eindrücke. In seiner Position und als Mann wurde er von seiner Gemeinschaft respektiert und durfte seine gesellschaftlichen Aufgaben auf ein Minimum reduzieren. Auch wenn ich anders damit umgehe, bin ich heutzutage imstande, dem inneren Ruf ohne Gewissensbisse zu folgen.

Jetzt muss ich aber etwas mit der Leserin, mit dem Leser teilen, was sich in diesem Augenblick ereignet hat. Gertrud, eine Bekannte, die ich nur einmal im Jahr treffe, hat mich unerwartet in meinem Laden besucht. Sie erzählt von den Katharern und wie sie nach einem speziellen Segen ohne materielle Nahrung auskamen. Das ist eine Antwort auf eine Frage, die ich nicht selbst beantworten konnte und über die ich auch keine Informationen herausfand.

Also haben die Katharer auch Lichtnahrung zu sich genommen. Habe ich das schon in einem vorausgegangenen Leben praktiziert?

Erwähnenswert finde ich auch zwei weitere Themen: Meine Meditation habe ich nun an einen eher aktiven Tag angepasst. Die Visualisierung ist mir wichtiger geworden und vor allem die spürbare Wahrnehmung des Lichtes im Körper und in der Aura. Ich kann sie überall durchführen, sogar wenn ich in Bewegung bin wie auf meinem Trampolin. Praktisch, lebensbezogen und integriert in meinem Alltag.

Im letzten Monat hatte ich erneut eine intensive Entschlackungskrise, willkürlich hervorgerufen durch viele Reinigungsbäder und Trinken entsprechenden Tees. Das Ergebnis war heftig und vielseitig. Die Symptome sind Zeichen dafür, dass Körpergifte und andere Schlacken, die sich über Jahrzehnte angesammelt hatten, ausgeleitet werden. Auf keinen Fall sollte man solche Reaktionen stoppen und verdrängen. Sie sind Teil eines Selbstreinigungssystems, damit sich der Körper einerseits säubert, anderseits sich regeneriert und wieder unter optimalen Umständen funktionieren kann. Was für ein Wunder, nicht wahr? Man muss aber fähig sein, damit umzugehen und darf nicht gleich Angst bekommen. In der Tat können manche dieser Krisen akut werden. Ärzte und andere Therapeuten sollten imstande sein, ihren Patienten dieses Wissen zu vermitteln, zusätzlich zu einer achtsamen Begleitung. Dies gilt auch für Mütter und ihre Kinder. Dann hätten wir alle ein starkes Immunsystem. Weniger Krankheit und mehr gesunde Menschen. Fieber ist eine sehr nützliche Reaktion des Körpers. In der Tat ist Fieber ein natürliches Antibiotikum. Die Mehrheit der Viren wird ab 39,5ºC vernichtet. Warum versucht man das Fieber systematisch zu senken? Um den menschlichen Organismus zu schwächen? Kann mir jemand eine plausible, wissenschaftliche Erklärung dafür liefern?

Nein, ich hatte kein Fieber, sondern mehrere Giftausscheidungen. Gut so. Was aus dem Körper draußen ist, ist nicht mehr drinnen. Ich spüre, dass mein System vorläufig geklärt ist.

Auf einer anderen Ebene bekam ich Einsichten in unsere geschwisterlichen Mechanismen, die auf den ersten Blick für mich völlig überraschend waren - zumal, dass ich darin über Jahrzehnte verwickelt war, ohne sie in Frage zu stellen und mich dadurch manipulieren ließ - wohl, ohne es zu merken. Daraus entstand eine unfaire, polarisierende Situation. Plötzlich wurde ich wachgerüttelt. Schön, so eine alte Geschichte, so einen alten Knoten zu entwirren und mit den Betroffenen zu klären. So wirkt das Licht. Wie ein Spotlight macht es alles sichtbar, auch erstarrte Gewohnheiten und Standpunkte. Jedoch braucht man nicht unbedingt mit Lichtnahrung zu tun haben, um von seiner durchleuchtenden, klärenden und aufklärenden Wirkung zu profitieren. Das intensive Licht auf Erden macht seine Arbeit, von den meisten unbemerkt, von einigen falsch interpretiert. Damit die stets entstehenden Bilder vom alten Blick nicht überlagert werden, ist es wichtig, das Kaleidoskop immer wieder aufs Neue ins Licht zu rücken, um die neuen auftauchenden Konstellationen zu erblicken und zu verankern.

11.04.2018

Genau heute vor einem Jahr habe ich mit dem LNP angefangen. Ein ganzes Jahr habe ich als Pranikerin dritten Grades zugebracht, d.h. ich gehöre zu denen, die gänzlich auf feste Nahrung verzichten, aber Flüssiges zu sich nehmen (Wasser, Kräutertees, Kaffee). Und gelegentlich Honig in meinem Fall.

Zu Grad vier zählt man Menschen, die seit mindestens vier Monaten nur noch ab und zu ein wenig Wasser zu sich nehmen und ansonsten auf jegliche Nahrungsmittel verzichten.

Das sind die Informationen, auf die das Publikum erpicht ist. Aber wie Sie wissen, geht es schlussendlich um etwas anderes: um Gewahrsein, um eine andere Art zu denken.

Keinesfalls werde ich mich irgendwie testen, wiegen, beobachten oder gar registrieren lassen. Solche Maßnahmen sind ungeeignet in Bezug auf Prana Nahrung und andere diesbezügliche Themen.

Noch weniger geeignet sind Scheuklappen-Denken und Voreingenommenheit, die Einstellung und der Zugang, der Geist, mit dem solche erweiterten Fähigkeiten angegangen werden. Mit der Überzeugung, dass so etwas nicht sein kann oder nicht sein darf, soll mit allen Mitteln das Gegenteil bewiesen werden. Es wird lauthals vehement gezweifelt, Unterstellungen werden begangen und es wird überhaupt nicht „daran geglaubt" (was immer das auch bedeuten mag).

Diese Haltung spielt immer mit, wenn es um etwas geht, das von der allgemeinen Meinung abweicht oder ihr widerspricht. Dies trifft auch auf die grundsätzlichen „esoterischen" Themen zu, obwohl sie eine tausendjährige Tradition aufweisen wie z. B. Astrologie. Pendel- und Wünschelrutenergebnisse, Akupunktur. Das Wissen um den Einfluss des Mondes, die Signaturlehre u.s.w. Al es noch nicht bewiesen!

Das Ganze wäre nicht schlimm, wenn nicht e n regelrechter Verfolgungs- und Vernichtungswahn diese Haltungen begleiten würde. Der Mensch gegenüber muss niedergemacht und entlarvt werden! Man muss ja unbedingt beweisen, dass man recht hat und der andere nicht. Warum kann man nicht einfach Dinge und Leute in Ruhe lassen? Ich habe ja erwähnt, dass die Lichtnahrung jahrelang auch nichts für mich war. Ich hatte aber nichts dagegen, bloß keine Resonanz.

Zum Schluss möchte ich aus dem Buch „Der sechste Sinn und seine Phänomene" von Dipl.-Ing- Reiner Gebbensleben zitieren. Auf 672 Seiten beschreibt er unzählige Experimente, die das Wünschelrutenphänomen wissenschaftlich beweisen. Nicht unbedingt eine erholsame Nachtlektüre. Ich bewundere diesen Wissenschaftler für seinen Mut, seine große Intelligenz und seine unermüdlichen Experimente.

„Die Reduktion von Untersuchungen auf einzelne elementare Bestandteile und auch nur unter dem Gesichtspunkt eines einzigen Fachgebietes führt nicht zu einem wirklichen Fortschritt und zu einem Verstehen dieses sehr komplexen Systems. Die Radiästhesie in diesem Fall. Aber die beschränkten Forschungswerkzeuge, die als die einzigen, wahren betrachtet werden, sind ärmlich. Der Natur gegenüber und den menschlichen Fähigkeiten gegenüber."

Mein Schlusswort für heute: ich lebe weiter pranisch und erfüllt. Ganz normal führe ich meinem Alltag, ohne jegliche Bedürfnisse, etwas belegen, jemanden überzeugen oder irgendwelche Tests bestehen zu müssen.

TEIL 3:

BEGLEITENDE THEMEN

In diesem Teil habe ich Themen gesammelt, die während des LNP immer wieder auftauchten und auf die ich meine Aufmerksamkeit lenken muss. Es werden auch Themen behandelt, für die das Verständnis fehlt oder die scheinbar missverstanden werden von den Menschen, die mir in dieser Phase begegnen oder generell vom menschlichen Gewahrsein wie beispielweise die Definition des Begriffes „Licht“.

1. MEINE MOTIVATIONEN

Meine erste und tiefste Motivation, meinen Organismus auf Lichtnahrung umzustellen, ist spiritueller Natur. Meine Wahrnehmung, meine tägliche Arbeit mit der Aura, mein metaphysisches Wissen und die Entdeckung der modernen Physik bestätigen die feinstoffliche und die Licht-Komponente des Menschen.

Die Photonen und deren Lichtausstrahlungen sind seit ein paar Jahrzehnten wissenschaftliche und messbare Werte. Der Mensch entstammt den subtilen Dimensionen, dem geistigen Reich, in dem seine Seelenreise verankert ist und zu dem er zurückkehrt, wenn er seine materielle Hülle am Ende seiner Inkarnation verlässt. Sein physischer Körper wird ins Leben gerufen und am Leben gehalten durch den Lebensimpuls, der Teil der alles durchdringenden und tragenden universellen Energie ist. Darüber hinaus ist diese Kraft grenzenlos und ewig und wird auch „Licht genannt“. In der Tat belebt sie jedes einzelne Atom unseres menschlichen Wesens. Und den Rest der Schöpfung. Wenn diese Energie überall vorhanden ist, also auch in mir, sollte es möglich sein, sie anzuzapfen und sich davon energetisch zu nähren, nicht wahr? Wenn Ihnen diese Annahme logisch erscheint, darf ich Sie einen Schritt weiterführen? Da diese Energie jedes Organ, jedes Körpersystem und jedes Körpergewebe belebt und am Leben aufrechterhält, sollte es dann nicht auch möglich sein von materieller Nahrung auf Energie- oder Lichtnahrung umzusteigen?

Der letzte Absatz wird hoffentlich den Intellekt, die Auffassungsgabe und das Verständnis der Leserin, des Lesers zufriedenstellen. Mehr dazu werde ich im Abschnitt „Was ist Lichtnahrung" erklären.

Natürlich müssen psychologisches Interesse und die Bereitschaft zum Verstehen vorhanden sein. Anfangs der 1990er Jahre, als ich von Lichtnahrung zum ersten Mal hörte, dachte ich mir: "Oh, das klingt interessant, aber ich sehe nicht ein, warum ich mich von Licht ernähren sollte." Und so war dieses Thema für mich erledigt. Erst ein Jahrzehnt später kam mir das Thema mehrfach in den Sinn, und zwar gänzlich ohne äußerlichen Anstoß. Es fiel mir immer wieder ein, obwohl ich es genauso schnell abhakte wie zuvor mit der Ausrede, es müsse aber schwierig sein, das schaffe ich sowieso nicht. Zumal ich viel arbeite und mir keine lange Umstellungszeit ohne Einkommen gönnen kann. Und so wurde das Thema erneut für eine gewisse Zeit beiseitegeschoben. Bis es mir das nächste Mal in den Sinn kam. So war es stetig latent im Hinterkopf präsent, bis es sich seinen Weg langsam, aber zielstrebig in mein Bewusstsein bahnte. Auf alle Fälle war das Wissen vorhanden, dass der Mensch, der dem Licht entstammt und aus Licht besteht, wohl von Lichtnahrung leben könnte.

Gleichzeitig machte ich verschiedene Beobachtungen. Mein Verdauungstrakt konnte keine Exzesse oder Zusatzstoffe mehr vertragen. Zu vieles Essen, zu spät oder gar zu schnell zu mir genommen, führte zu Unbehagen. Nahrung mit Farbstoffen, Gluten, weißem Zucker oder sogar nicht angegebenen Giftstoffen riefen unangenehme Reaktionen hervor. Zudem konnte mein System sogar unterscheiden, wenn die Nahrung lieblos oder Tage zuvor zubereitet wurde, also nicht frisch war. Es schien mir, als hätte ich einen speziellen Detektor im Magen, der mir Bescheid gibt, wenn ein Lebensmittel unrein oder leblos ist.

Meine hellsichtige Wahrnehmung unterscheidet auch zwischen lebendigem oder strahlendem Lebensmittel und materieller Nahrung, die grundsätzlich leblos ist und im besten Fall als Füllmaterial im Magen liegt.

Allmählich reduzierte ich meine Speisen auf einige lebendige Nahrungsmittel in Bio-Qualität, also auf Essen, das Lebenskraft zuführt und fast ausnahmslos roh war. Zusätzlich fand ich heraus, dass mehrere Zutaten eigentlich ein Chaos an Informationen an den Organismus abgeben, für die es sehr viel Kraft und Zeit braucht, um entwirrt und entsprechend verdaut werden zu können. Diese Prozesse rauben nicht nur viel des Geistigen, Denk- und Inspirationspotentials, sondern auch auf der körperlichen Ebene entzieht die Verdauung von unausgewogener Nahrung dem Körper viel Wachheit und Konzentration, wie unter anderem nach dem Mittagessen oft bemerkt werden kann.

Dann gab es eine Beobachtung viele Jahre zuvor. Ich war im Tiergarten, wo es mir auffiel, dass Menschen ständig am Essen, Lutschen, Kauen oder Saugen waren; sei es Eis, Zigarette, Kaugummi, Mitgebrachtes wie Brot, Früchte, Süßes oder ein ordentliches Mittagessen oder irgendein Snack. Natürlich wurde auch getrunken: Tee, Kaffee, Wasser, Softdrinks aller Art. Und dies stundenlang. Die Oralphase nach Freud. Man könnte mir zu Recht vorwerfen, ich ginge in den Tierpark, um Menschen zu beobachten. Auch bei mir stellte ich fest, dass ich gelegentlich dazu neigte, gedankenlos etwas einfach in den Mund zu schieben oder zu trinken – ohne Hunger, ohne Durst. Woher kommt diese Überbeschäftigung mit dem Schlucken?

Braucht der erwachsene Mensch, der den ganzen Tag am Computer sitzt, wirklich drei Mahlzeiten und möglicherweise noch was Süßes zwischendurch, ein bisschen Koffein hier und da und natürlich Alkohol am Ende des Tages, um das Ganze erträglich zu machen? Wer bekommt überhaupt so viel? Nur Menschen in den Industrieländern. Diejenigen, die es sich leisten können. Und das erst seit ungefähr fünfzig Jahren. Für die übrige Weltbevölkerung ist das nicht so selbstverständlich. Und für einen großen Teil davon schier unmöglich.

Wie bereits erwähnt, schien mir schon in meiner Kindheit und Jugend einiges fragwürdig. In Besonderen die Konsumabhängigkeit, die mir immer wieder vorkommt wie eine wiederkehrende Litanei von Essen, Schlafen, Arbeiten. Kraft und Zeit für viel mehr gibt es kaum. Jedoch musste ich mich erden und mich in diesen sich wiederholenden Zyklen anpassen wie jeder andere auch. An einem gewissen Punkt entschied ich, dass ich genügend verankert sei und versuchte, den unaufhörlichen Wiederholungen zu entgehen, die die Menschen im Griff der drei unteren Chakren gefangen halten.

Im Zusammenhang mit den Beobachtungen über Essgewohnheiten und über den Nahrungswert von Lebensmitten habe ich gewisse Schlüsse gezogen. Besonders auffallend sind die enge Zusammenarbeit und die Machenschaften von Agrarwirtschaft, Nahrungsmittel- und Pharmaindustrie. Es macht Sinn, sich Fragen zu stellen und sich über die Herkunft und Herstellung von Produkten und Heilmitteln, die wir zu uns nehmen, zu informieren. Viele mutige Journalisten, Forscher und Regisseure teilen ihre Berichte mit der Öffentlichkeit, auch wenn sie dadurch Risiken eingehen. Die Daten, die Zahlen, die Beweise stehen also jedem zur Verfügung, der seinen Selbstwert als Mensch genügend schätzt. Und vielleicht den des Tieres oder des Gemüses und der Früchte, die er konsumiert. Wenn der Spruch „Du bist, was Du isst“ stimmt, darf man sich als wertvoll genug erachten, um frische, lebendige, kraftgebende Nahrung zu verzehren. Und sollte die Gesundheit tatsächlich das höchste Gut sein, dann hat man wahrlich etwas Besseres verdient als Antibiotika, Schmerzmittel und Cortison, die im Fleisch einlagert sind sowie Dünge- und Spritzmittel im Gemüse.

Seit einigen Jahren widme ich mein Leben dem Lebendigen und klinke mich ein bei allem, was Sinn, Strahlkraft, Optimismus, Vertrauen und Lebendigkeit verleiht und zuführt. Ich bin imstande die Energie wahrzunehmen, zu messen und nach Bedarf medial abzufragen. Somit hat schon seit Jahren eine Reihe von Gegenständen wie Fernseher, Kühlschrank usw. bei mir keinen Platz mehr. In anderen Bereichen habe ich mich losgelöst von einer Menge sinnloser, zeitraubender Denkweisen und Handlungen.

Meine zweite Motivation ist politischer Art und ist eine bewusste Entscheidung, auf den Konsum und die krankmachenden Lebensmittel zu verzichten. Mit der Lichtnahrung zapfe ich die höchste Nahrungsquelle an. Der Mensch besitzt einen freien Willen. Wir haben die Wahl. Jede Minute verlangt eigentlich eine Entscheidung von uns. Nützen wir doch diese Möglichkeit. Jede Entscheidung, aber gleichermaßen jede Nicht-Entscheidung birgt in sich Folgen. Ich entscheide mich dazu, mein Bewusstsein, meine Aufmerksamkeit, meine Intelligenz, meine Unterscheidungskraft, meine Gedankenkraft, meine Liebe, meine Zeit, meine Macht und Kraft, mein Geld, in einem Wort meine Energie dem Wahrhaften und Lebendigen zuzuwenden. Daraus entsteht ein gewaltloser Widerstand gegen Blödsinn, leere Nahrung, Gift und weitere degenerierte Produkte und Gewohnheiten. Daraus entsteht ein gesundes Sich-Lösen. Kein Blabla, kein Konsum, keine Zeit- oder Raumverschwendung. Die natürliche Konsequenz ist ein sich Ausklinken aus negativen Situationen, Denkweisen und Systemen und ein Sich-Enthalten von schlechten Produkten. Keine Resonanz, keine Energie, keine Kraft hineingeben. In diesem Kontext schließe ich mich dem pranischen afroamerikanischen Athleten Genesis Sunfire an. Er ist nämlich einer der wenigen pranischen Menschen, der seiner Umstellung auf Lichtnahrung einen politischen Aspekt verleiht. Aber auch Jasmuheen hat hohe Ideale für die Menschheit. Sie bietet die pranische Nahrung als Lösung für die Engpässe der Ernährung der Weltbevölkerung an und arbeitet mit den Vereinigten Nationen zusammen.

Was mich betrifft, sind meine Beweggründe viel bescheidener. Ich führe konsequent durch, was ich für mich für richtig halte. Ich betrachte die Lichtnahrung nicht als Lösung oder gar als Möglichkeit für alle Menschen. Sie war auch nicht immer meins. Aber jetzt ist sie durchaus geeignet für mich.

Ich bin immer experimentierfreudig, denn obwohl ich sehr gerne lese und von den Erfahrungen anderer Menschen profitiere, ist es für mich unentbehrlich, meine eigenen Erfahrungen zu sammeln. Vor allem geht es mir darum, mein Leben konsequent und in Übereinstimmung mit meinem Credo zu führen.

2. MEINE VORBEREITUNGEN

Im vorigen Kapitel habe ich erklärt, dass mein Körper immer mehr Sensibilität gegenüber lebloser, von giftigen Zusatzstoffen belasteter Nahrung entwickelte. Aber schon vorher war da ein gewisses Bewusstsein für natürliche, frische Lebensmittel bio-dynamischer Herkunft. Auch vegetarische und vegane Ernährungsweisen waren mir schon lange bekannt, sowie die Ernährung nach Bircher-Benner.

Ich muss schmunzeln, wenn ich an meine Mutter denke, die bereits in den 60er Jahren davor warnte, nicht zu viel Fleisch zu essen und wenn, dann „nur gute Hähnchen vom Bauernhof". Auf keinen Fall „Hormon- Hähnchen" verkündete sie wissend. Jeden Tag wurde frisches Gemüse vom Garten geerntet und zubereitet. Als ich später in der Bircher-Benner Klinik arbeitete, aß ich dort täglich meine Bircher Müesli (keine getrocknete Fertigmischung aus der Plastikverpackung oder aus Dosen, sondern aus frischen Zutaten hergestellt). Wie auch schon erwähnt, kann ich die Schwingung von Lebensmitteln sehen. Das bedeutet nicht, dass ich mich immer ausschließlich gut ernährt habe. Ich kenne auch Gier und Magenkrämpfe, von zu vielem, schlechtem und Durcheinander-Essen. Jedoch neigt mein Körper dazu, mir Grenzen zu setzen. Heute bin ich ihm dafür dankbar. Das ist also mein Hintergrund.

Ferner nimmt die Spiritualität bei mir eine wachsende Rolle ein. Auch nichts Neues. Aber ein immer dringender werdender Ruf lässt sich hören. Die Spiritualität füllt meinen ganzen Tag. Ich kann nicht darüber sprechen oder sie unterrichten in ihren vielen Formen, ohne sie inbrünstig zu leben. Ich bin eins mit mir und folge meiner feinstofflichen Wahrnehmung und inneren Stimme vollständig. Zumal sie sehr eindeutig und klar sind.

Körperliche und seelische Reinigung, Rituale der Reinheit, Phasen des Rückzugs, Meditation und Kontemplation sind längst Teil meiner spirituellen Praxis zusammen mit unterschiedlicher Form des Fastens. Für kurze oder längere Perioden. Ich weiß also, wie mein Körper bei der Entgiftung reagiert.

In den letzten Jahren habe ich mich auf Monodiät beschränkt, weil ich zu wenig Zeit für eine vollständige Fastenkur hatte. Dabei isst man einmal in der Woche ein einziges Lebensmittel, zum Beispiel Kartoffeln, Reis oder eine Fruchtsorte. Diese Praxis reichte mir aber nicht mehr aus. Mein System bedurfte einer richtigen Reinigung und der Umstellung auf eine energetisch höhere Nahrungsquelle.

Mit diesem Gedanken bin ich ungefähr ein Jahr schwanger gegangen. Ich fand nie die richtige Zeit. Zu viel Arbeit. Zu wenig Geld, um eine Auszeit zu nehmen. Einladungen. Reisen, anstrengende Projekte. Großen Hunger. Müdigkeit. Naja, tausend Ausreden. Ich dachte aber immer häufiger an die Zeiten, wo ich leicht und beweglich war. Ok, jetzt bin ich 30 Jahre älter. Irgendwann schaffe ich es noch zu fasten. Es ging mir schlecht. Ich sah schlecht aus. Ich sah ein, wie vergiftet ich war. Ich kann zum Schluss, dass mein spirituelles Bewusstsein vom unreinen Körper eingeschränkt und beeinträchtigt war.

Dann war die große Reinigung angesagt. Danach fühlte ich mich besser als zuvor. Ich wollte nicht in den vorigen Zustand zurückfallen. Dafür musste ich bessere Gewohnheiten verfolgen. Wiederum erhöhte sich meine Frequenz, ich fühlte mich leichter, wacher und klarer. Ab diesem Punkt wollte ich nicht nur diesen Zustand beibehalten, sondern noch eine Optimierung anstreben. Regelmäßige körperliche Bewegung kam hinzu, von Freude und Wohlbefinden begleitet. Auch wenn die Anfänge anstrengend sind und mit Disziplin und Selbstüberwindung verbunden waren.

Spirituell war der Ruf umso stärker. Die Inspiration konnte ich sehr klar empfangen: es war Zeit für die Lichtnahrung. Ich war interessiert, aber die Umsetzung schien mir weit entfernt und ich hielt mich für unfähig. Zu schwierig halt. Zumal wenn man ein normales Leben führt, viel arbeitet, sehr flexibel sein muss, zeitlich und räumlich. Ich reise viel und arbeite sehr unregelmäßig.

Ich beschäftigte mich weiterhin mit dem Thema. Im Kopf. Mein Innerstes stellte mir ein Rätsel, das ich wochenlang nicht beantworten konnte: Was ist der Unterschied zwischen Fasten und dem 21 Tage dauernden Lichtnahrungsprozess? Können Sie diese Frage beantworten?

Fasten kannte ich und konnte ich ja. Vor vielen Jahren hatte ich darin Erfahrungen gesammelt. Gedanklich drehte ich mich im Kreis, ohne eine klare Definition aussprechen zu können. Dann erhielt ich eine blitzartige geistige Hilfe: Fasten und Lichtnahrung sind völlig entgegengesetzt.

Ehrlich gesagt war ich total verwirrt. Man hört ja bei beiden auf, Nahrung zu sich zu nehmen. Ja, es gibt verschiedene Arten zu fasten mit Kräutertee, Brühe, Wasser, Säfte usw. Auch beim Lichtnahrungsprozess trinkt man irgendwann wieder Säfte... Ich kam einfach nicht klar. Dann entschied ich mich, alles zu lesen, was Jasmuheen geschrieben hatte. Parallel dazu ging mein Körper immer differenzierter mit der Nahrung um. Auch durch einen Urlaub, den ich mit einer Bekannten im Ausland verbrachte. Dort wurde eine Vielzahl wunderbar zubereiteter Speisen am Büffet angeboten. Sie häufte große Mengen davon auf ihren Teller. Und holte noch ein zweites und drittes Mal davon. Alle taten das. Auch ich. Bis es mir schlecht wurde. Ich machte mir Gedanken darüber. Warum so ein gieriges Verhalten? Meine Bekannte war übergewichtig und litt unter steifen Gelenken., obwohl sie wesentlich jünger war als ich. Sie versuchte sich etwas Gutes zu tun, indem sie viel aß. Sie fühlte / füllte eine Leere, die sie mit dem Essen kompensierte. Aber tief im Inneren war da eher eine Selbstablehnung oder gar Selbsthass vorhanden. Das wurde für mich zur Erkenntnis: wenn ich mein Wesen achte, nehme ich nur noch reine Nahrung zu mir.

Und so änderte sich mein Essverhalten nach und nach. Die Menge wurde geringer, dafür der echte Nahrungswert umso höher.

Ich las weiter die Bücher von Jasmuheen, in denen die spirituelle Verbindung zu den aufgestiegenen Meistern dargestellt ist. Wissen darüber ist mir zugänglich durch meine jahrelangen Studien der Theosophie und mein Fernstudium in der Arcane school London, wo die Werke von Alice Bailey ausführlich durchgenommen werden. Den Bezug zu den Meistern hat Vicky Wall auch sehr lebhaft und durch die Quintessenzen von Aura Soma® einer breiten Öffentlichkeit bekannt gemacht.

Auch bei ihr habe ich jahrelang gelernt und im Anschluss Aura Soma® unterrichtet. Persönlich habe ich ein gemischtes Verhältnis zu den aufgestiegenen Meistern. Meine Perspektive geht davon aus, dass das Göttliche, die eine große Kraft, die sich durch alles manifestiert, auch im Menschen vorhanden ist. Und da ist sie zu erkennen und zu würdigen – in uns. Warum soll sich der Mensch ewig als unvollständiger Knecht von irdischen und himmlischen Meistern betrachten?

Diese Überlegung lege ich zur Seite und beginne einen Lichtnahrungsprozess nach Jasmuheen in der Zeit zwischen Weihnachten und Jahresende 2014. Energetisch ist diese Zeit sehr dicht durch die Wintersonnenwende, die das Licht in seiner geheimnisvollen Essenz enthält. Ich befolgte genau die Anweisungen und hörte auf, zu trinken und zu essen. Und wartete. Ab und zu unterhielt ich mich mit den Meistern. Es wurde mir einsam, kalt. Ich sah alles, was in mir und in meinem Leben nicht stimmte. Dann machten sich die Entgiftungssymptome bemerkbar. Nichts Neues. Ich betete. Meine spirituelle Haltung stellte sich aber als genauso wenig gefestigt heraus wie meine körperlichen Reaktionen, die immer unerträglicher wurden. Ich sah schlecht aus, fühlte mich schlecht. Lichtvoll war meine Aura nicht besonders, weil alle Zweifel, Ängste und organischen Ausdünstungen sich dort ansammelten. Die Fruchtsäfte, die man irgendwann zu sich nehmen sollte, konnte ich nicht vertragen und mein Blutdruck war im Keller. Das Ergebnis am 19. Tag war eine elende Gestalt und mein Prozess hatte nichts zu tun mit Lichtnahrung. Ich kam zum Schluss, dass ich alles gemacht hatte, was ich nicht tun sollte. Unter anderem unvorbereiteter Einstieg,

Weglassen von Flüssigkeit, ungefestigter Glaube an die Unterstützung aus den Lichtwelten. Ein vollkommener Erfolg war dieses Experiment, insofern ich mir alles unverfälscht anschaute, was nicht stimmig oder nicht in der Ordnung war. Danach nahm ich mir so lange Zeit, bis ich wirklich sicher war, für den Prozess bereit zu sein.

Es folgten zwei Jahre Vorbereitungszeit, die wieder mit Lektüre begann. In diesem Zusammenhang möchte ich mich bei Herrn Michael Werner bedanken, dessen Buch und dessen Forschungen mich sehr beeindruckt haben. Es ist Doktor der Chemie und Anthroposoph. Sein Bericht ist für mich ausschlaggebend, auch wenn ich vieles andere gelesen habe.

Zwei Jahre bereite ich meinen Körper vor auf wenige, dafür bessere Nahrung. Ich fühle mich sehr wohl mit rohen, lebendigen Lebensmitteln. Und noch besser mit Smoothies aus Bio-Früchten, Kräutern aus meinem Garten und selbst gekeimten Samen. Die Umstellung gestalte ich ganz allmählich und auf keinen Fall stur und dogmatisch. Im Gegenteil, nichts ist verboten und ich soll Freude daran haben. Ich kann aber auch lassen, was mir nicht guttut, ohne Mangel zu empfinden. Ich bin es wert, das Beste zu mir zu nehmen, also was mein Körper gut verträgt und mir Kraft zuführt. Bis auf ein paar Ausnahmen (entweder Gelüste oder wegen Zeitdruck) stellt sich heraus, dass mein Menü fast ausschließlich aus köstlichen Smoothies besteht. Ich nehme langsam ab, was wohltuend ist.

Durch meine Lektüre und weitere Information aus dem Internet entdecke ich mehrere Varianten des Lichtnahrungsprozesses oder der Umstellung auf Prana. Ehrlich gesagt kommen mir manche Angebote vollkommen unrealistisch vor, andere klingen wie ein kurzes Fasten mit Meditationen und Affirmationen. Manche wirken wie ein Experiment in Nahrungsumstellung. Andere wiederum erscheinen wie reine Imaginationsübungen, gekoppelt mit Atemtechniken. Wie überall ist es notwendig die eigenen Erwartungen und Ansprüche für sich zu klären. Und die eigenen Unterscheidungsfähigkeiten walten zu lassen. Für mich ist es klar. In weniger als 21 Tagen kann ich keinen richtigen Zugang zum Prana finden und ihn nicht in den Zellen verankern.

Also muss ich drei Wochen bestimmen, in der ich Zeit für mich habe und weder reise noch Unterricht abhalte. Mitten im Winter ist es ungünstig wegen der Kälte. Die Energien des Frühlings sind frisch und kraftspendend wie die Säfte, die durch die Venen der Natur fließen. Die Energien des neuen Anfangs wirken bestimmt unterstützend.

Oder vielleicht die Ernte des Herbstes, überlege ich mir. Am besten sollte eigentlich der Sommer optimal sein, mit der Wärme der Sonne, der Extrovertiertheit, der Zeit draußen in der Natur – die Jahreszeit, in der ich mich immer körperlich am wohlsten fühle. Ich lasse den Zeitpunkt noch offen und konzentriere mich auf meine innere Verfassung. Ein solcher Prozess sollte stattfinden, wenn es einem gut geht, und zwar in jeder Hinsicht, gesundheitlich, finanziell und in menschlichen Zwischenbeziehungen. Nichts, was an den Kräften nagt, das Immunsystem schwächt oder chronisch Probleme bereitet und für Ablenkung sorgt. Kein Umzug, keine Scheidung, aber auch keine Hochzeit. Meiner Meinung nach ist die Phase der Umstellung und die Installation des Pranas im Pranakörper und in den Zellen, eine ganz besondere Zeit, eine sakrale Phase, die Vorrang vor allem hat. Für mich zeigte sich allmählich deutlicher, dass ich, sollte ich diese Metamorphose schaffen, danach streben werde, weiterhin pranisch zu leben. Die drei Wochen sind kein Test, nur um zu sehen, ob es möglich ist. Viele wunderbare Menschen haben es ja auch schon durchgeführt. Da gibt es von mir nichts mehr zu beweisen. Fastenzeiten über drei Wochen hatte ich aus schon durchgemacht. Eigentlich will ich nichts anderes, als definitiv pranisch zu werden und zu bleiben. Dachte ich mir – sollte mir die Umstellung gelingen.

Nach und nach bereite ich meinen Körper darauf vor, indem ich immer weniger Smoothies zu mir nehme. Ich mache auch Experimente mit Stärkungsmitteln und teste unterschiedliche Nahrungsmittel. Ich will mich versichern, dass ich den Prozess auf keinen Fall mit Mängeln und Schwächen angehe. Gedanklich bin ich schon längst dafür bereit, ohne Einkaufen, Kochen, Spülen usw. zu leben.

Meine spirituelle Verfassung verändert sich ebenfalls schon. Ich sehne mich nach langen Meditationen. Die Verbindung nach oben bzw. nach innen wird immer wichtiger. Vernachlässige ich sie aufgrund von Zeitmangel, vermisse ich sie. Meine innere Kommunikation wird deutlicher. Mein Bezug zum Licht hat mich stets in meiner Entwicklung begleitet und getragen. Ich sehe es und verwende es in meiner Heilarbeit. Licht und Liebe sind beide Seiten derselben Einheit. Die Klarheit des Lichtes und dessen Klärungseigenschaft sind für mich in dieser Inkarnation vordergründig im Gegensatz zu vorigen Leben, in denen die Fähigkeit Liebe zu geben und zu empfangen essenziell war. Das Licht ist mein Daseinszweck, meine tiefste Sehnsucht und Erfüllung gleichzeitig. Das Licht als Nahrung? Ja, gerne! Davon nehme ich eine doppelte Portion, bitte!

Ich freue mich richtig darauf. Dennoch ist eine leichte Unsicherheit spürbar. Das Projekt bedarf eines zeitlichen Rahmens, es soll verankert werden durch praktische Überlegungen und Entscheidungen. Wann fängt es an, wann hört es auf, welche Menschen begleiten mich? Meine treue und vertraute Gitta ist wie immer bei wichtigen Veränderungen für mich erreichbar. Ich muss mich auf einen zeitnahen Zeitpunkt festlegen, sonst verflüchtigen sich Begeisterung und Tatkraft. Noch eine Bedingung wird klar: den Lichtnahrungsprozess werde ich alleine durchführen und nicht in einer Gruppe. Da ich vor zwei Jahren fast alle Fehler gemacht habe, die man nur machen kann, sollte ich jetzt ziemlich geeicht sein. Und mein Ego ist nicht so übermächtig: Sollte ich mich körperlich oder psychisch unwohl fühlen, werde ich das Experiment unterbrechen oder gar beenden.

Und so habe ich mich für die drei Wochen, beginnend mit den Osterferien, entschieden. Samstag, 11. April 2017, fängt mein neues Leben an.

3. MEINE KÖRPERLICHE METAMORPHOSE

a) Während des Prozesses

Die Umstellung auf pranische Ernährung und die Installation des Pranas in den Ätherkörper und in den Zellen finden innerhalb von drei Wochen statt. Durch meinen Bericht haben Sie diese Phase miterlebt.

Was hat sich während dieser Zeit ereignet? Eine körperliche Reinigung und Entgiftung haben stattgefunden. Sie sind - zumindest am Anfang des Prozesses – ähnlich wie bei einer Fastenphase. Ich betone die ganz individuellen Auswirkungen, auch wenn es übliche und normale Muster gibt, die die meisten eben durchlaufen. Trotzdem ist der Zustand von unterschiedlichen Faktoren abhängig, wie etwa von den ganz persönlichen Empfindungen und der subjektiven Selbstbeobachtung und davon, wie stark das Gewebe belastet ist. Für manche sind Kopfschmerzen erträglich, besonders wenn man weiß, dass sie durch die Entgiftung verursacht sind. Ein anderer würde sich vielleicht von vorneherein krank fühlen. Die individuelle Wahrnehmung eines Unbehagens hängt selbstverständlich vom Bezug zum eigenen Körper ab. Eine gesunde und vor allem vertraute Beziehung zur eigenen Körperlichkeit sollte natürlich vor dem LNP entwickelt worden sein. Dies ist Voraussetzung, um den materiellen Körper zu respektieren und zu lieben, ein Vertrauensverhältnis zu ihm aufzubauen, denn seine Zellen sind telepathisch.

Ich habe relativ wenig Entschlackungssymptome erlebt, weil mein System durch die gründliche Vorbereitung und vorangegangene Umstellung auf Smoothies schon den Körper weitgehend gereinigt hatten. Leichter Kopfschmerz und eine belegte Zunge, dazu ein paar Stunden mit etwas steifen Gelenken, das war alles. Das Kreislaufsystem hat bei den Veränderungen am meisten gelitten.

Während des 21 Tage Prozesses ist der Darm immer noch aktiv. Unter anderem ist es mir ein dringendes Anliegen, während dieser Zeit Flüssigkeit zu mir zu nehmen, damit die Zellen, die Gedärme und andere Körpersysteme gespült werden. Gegen Ende der ersten Woche gibt es eine unerwartete, sehr heftige Darmentleerung, als ob der Körper verstehen und sagen würde: Jetzt räume ich alles aus, ich mache Tabula Rasa! Umso erstaunlicher ist das, weil ich schon seit mehreren Tagen nichts mehr gegessen, sondern nur Wasser und Kräutertee getrunken hatte.

Am Anfang sind Haut und Teint nicht besonders schön, da auch sie am Entgiften sind. Da ich viel draußen bin, werde ich schnell braun, was mir immerhin zu einem gesunden Aussehen verhilft. Relativ schnell aber gibt es eine sichtbare positive Veränderung der Haut. Sie sieht reiner aus und alte Pickel verschwinden allmählich. Die trockene Haut meiner Füße, die in den letzten Jahren immer einer guten Pflege bedurfte, verändert sich spontan in weiche und junge Haut, obwohl ich weiterhin barfuß im Garten laufe.

Viele Praniker berichten über ihre Gewichtsabnahme zumindest am Anfang. Jedoch nicht alle. Bei mir ist der Fettverlust fast problematisch. Oder anders ausgedrückt, ich mache ein kleines Problem daraus. Ich nehme viel und schnell ab, was für mich nicht unbedingt von Vorteil ist, denn ich bin klein und eher zierlich gebaut. Schon vor dem Prozess habe ich abgenommen, und ich habe nicht allzu viele Reserven. Das ist ungünstig. Wenn möglich sollte man die Umstellung mit ein paar Kilos zu viel starten. Besorgniserregend wird es, als ich auch nach den 21 Tagen weiter an Gewicht verliere. Das geringe Gewicht führt zu einer physischen und energetischen Unsicherheit. Ich fühle mich zu leicht, habe keine Erdung und finde es schwierig, geradeaus und normal zu laufen. Am liebsten würde ich kiloweise Steine in jede Jackentasche stecken, um wieder an Stabilität zu gewinnen. Eigentlich haben aber andere Leute noch weitaus mehr Probleme mit meinem Gewicht als ich selbst! Viele sehen nur die Gewichtsabnahme, obwohl einiges andere auch zu bemerken wäre. Es gibt eine förmliche Fixierung auf das Gewicht.

Obwohl ich daran gewöhnt bin, gut zu schlafen, übertrifft die Qualität des pranischen Schlafes alle Erwartungen und Vorstellungen. Es ist äußerst erfrischend und regenerierend, vergleichbar mit der Schlafqualität der Kindheit: tief und sorgenfrei.

Dafür ist seine Dauer umso kürzer. Bei mir hat sich die Schlafdauer nicht halbiert, wie es häufig beschrieben wird. Ich bleibe auch als pranische Frau eine relative Langschläferin. Vielleicht weil ich den Schlaf so sehr schätze. Ich brauche immer noch vier oder fünf Stunden.

Sobald die Entgiftungsphase vorüber ist, entwickle ich eine große körperliche Kraft und Widerstandsfähigkeit. Auch eine geringere Schmerzempfindlichkeit ist spürbar. Ich verfüge über einen unglaublichen Antrieb und stehe um vier Uhr morgens mit einer unvergleichlichen Begeisterung auf und gehe stundenlang in den Park oder an der Isar entlang.

Viel Lebendigkeit und Bewegungsfreude werden freigesetzt. An die Kindheit erinnert mich auch die wieder entdeckte Beweglichkeit meines Körpers, der einen Verjüngungsprozess durchmacht, auch wenn die Haut an manchen Stellen durch die Gewichtsreduktion nicht ganz so schön ist. Ich staune über die große Freude an der Bewegung und die Ausdauer des Körpers. Ich kann mich nicht daran erinnern, von den Vorteilen des Pranaschlafes und des leichter gewordenen Körpers gelesen zu haben. Das ist eine freudige Überraschung für mich.

Die einzige Folge der Installation des Pranas, die mir nicht bekommt, ist die Kälteempfindung, die mit der Reduktion des Fetts einhergeht.

Ich bitte um Entschuldigung für die Wiederholungen (und ich habe bereits einige gestrichen), aber das Kälteempfinden hat meinen neuen Zustand sehr beeinträchtigt. Ich hatte mich auf die frühlingshaften Temperaturen und Gefühle eingestellt, aber es hatte zu Ostern geschneit. In der Wohnung war die Heizung auf hohe Temperatur eingestellt, was für mich unüblich ist. Viele Schichten warmer Kleidung habe ich angezogen und zum ersten Mal in meinem Leben lange Unterhosen getragen. Später bin ich ins Tessin geflohen, um der Kälte zu entgehen.

Mit der Zeit kommt der Sommer und die Wärme ist endlich wohltuend!

b) Die Prozesse im Prozess

Mein LNP wird zusätzlich von einer äußerst günstigen astrologischen Konstellation unterstützt. Der Planet Mars feuert regelrecht meinen Jupiter an. Davon wusste ich ursprünglich nichts. Ganz nebenbei, als ich mich mit einer Astrologin unterhalte, erfahre ich von dieser positiven Unterstützung. Natürlich verleiht mir diese Konstellation viel Kraft und wirkt fast wie eine Garantie dafür, dass der LNP zum Erfolg wird.

Ist das Prana installiert, geht der Prozess weiter. Die Metamorphose ist meiner Ansicht nach nicht abgeschlossen. Ein gewisses Stadium ist zwar erreicht, aber die Entgiftung findet weiter statt, nur auf eine etwas langsamere Weise. Eher zyklisch würde ich sagen. Organe oder Systeme, die vor dem LNP eher eine Schwäche gezeigt haben, können sich wieder melden und alte Symptome zeigen oder neue hervorrufen. Ich glaube, die Körperreinigung, die Säuberung des Gewebes und die plasmische Läuterung werden sich noch sehr lange hinziehen. 63 Jahre habe ich mit grobstofflicher Nahrung gelebt. Das hinterlässt Spuren im Organismus. Der Körper besitzt seine Gesetzmäßigkeiten, die dem Saturn unterliegen und Zeit brauchen, um das Neue zu integrieren. Auf die Krankenschwester, die Therapeutin und die mit Fasten erfahrene Frau warten also noch ein paar Reaktionen. Zwar nicht mehr so akut wie während des Prozesses, aber es geht definitiv weiter mit der Läuterung. In der Tat erlebe ich einige Beschwerden mit dem Verdauungstrakt. Nichts Neues, aber alles geballt, wie ich es seit Jahren nicht kannte, weil ich gesund lebe und alles vermieden hatte, was mir unverdaulich und unverträglich war.

Mein Gewichtsverlust macht mir auch nach dem Prozess weiter zu schaffen. Die Symptome sind beunruhigend, wenn mein System das Fett aus den Organen herausholt. Das ist schmerzhaft und gefährlich. Mit eingesunkenen Wangen sehe ich zudem schlecht aus. Ich habe das Gefühl, dass mir Masse fehlt und habe Mühe, im Körper zu bleiben. Ich gewinne den Eindruck, mein Fett-Metabolismus ist hyperaktiv. An diesen Tagen nehme ich festen Honig zu mir, solchen der kristallisiert, weil er naturbelassen ist. Wenn nötig auch flüssige Bio-Sahne, die ich sehr gut vertrage. Sahne wird nicht vom Körper als tierisches Eiweiß erkannt. Schon in der Vergangenheit hatte ich gute Erfahrungen gemacht. Öle, auch die feinsten wie Leinöl, verträgt mein Körper dagegen nicht. Natürlich bin ich bestens vertraut mit der wunderbaren Krebs-heilenden Diät von Fr. Dr. Budwig und vielen veganen Empfehlungen. Mein Maßstab aber ist mein Körper mit seinen wechselnden Reaktionen und der Sprache seiner Organe, unabhängig von den vielen guten Ratschlägen.

Mit der Zeit stabilisiert sich mein Gewicht für einige Wochen. Ich fühle mich wohl in diesem leichten Körper, wie ich ihn vor der Menopause jahrelang kannte. Er entspricht auch der Körpergestalt meiner Mutter und der meiner jüngeren Schwester. Diese Figur sitzt in meinen Genen. Den Ballast, das unnötige Gewicht hat mein System losgelassen, was sich als vorteilhaft für die Gelenke, die Haut, den Kreislauf usw. erweist.

Die Fixierung auf das Essen scheint unzertrennbar mit der Fixierung auf das Gewicht verbunden zu sein. Zwei Seiten der Medaille nehme ich an. Ich bin zum Schluss gekommen, dass meine Gewichtsabnahme mehr ein Problem für die Menschen in meiner Umgebung ist als für mich. Mein Körper ist gut trainiert. Ich bin aber nicht mehr so übertrieben physisch aktiv. Für Bergwanderungen fehlt mir die Zeit. Der Mars Einfluss ist auch vorüber.

Ich habe mich selten und nur zu bestimmten Zeitpunkten gewogen. Ich will weg von diesem "Alles Messen, Alles Wiegen", von dieser kompulsiven Art, das Leben nur noch in messbare Einheiten einzuteilen und kontrollieren zu müssen, anstatt das Lebendige in fröhlichen und vertrauensvollen Zügen ein- und auszuatmen. Ich brauche mich nicht zu wiegen, denn mein Körper sendet mir deutliche Botschaften. Und meine engste Hose auch! Ich sehe doch, wo sie hängt oder wie weit sie sitzt! Ich habe auch festgestellt, dass Zu- und Abnehmen im pranischen Zustand sehr variabel sind, dass das Gewicht stark vom Flüssigkeitsgehalt abhängt. Nicht selten habe ich über Nacht ein Kilo verloren, ohne geschwitzt zu haben. In diesem Zusammenhang habe ich mir Gedanken gemacht über die medizinische Begleitung und Forschung bezüglich Herrn Dr. Michael Werner in der Schweiz. Dort wurde festgestellt, dass er unter Beobachtung (Videokamera über 24 Stunden) Gewicht verloren hatte, obwohl er schon seit Jahren pranisch lebt.

Wie kann man einen lebendigen Organismus durch ein allgemeingültiges starres Modell bewerten, wenn er grundsätzlich anders funktioniert. Dieses Scheuklappen-Denken hat die Welt erobert und hält sich für aufgeklärt, fortgeschritten und überlegen. Das Ergebnis ist manchmal absurd, wenn nicht sogar (selbst) zerstörerisch.

Den pranischen Modus habe ich in meinem Alltag integriert. Das Ganze ist für mich normal geworden. Nur wenn nötig spreche ich darüber. Gerne begleite ich meine Freunde und Bekannte ins Restaurant und schlürfe eine ganze Stunde lang an meinem Cappuccino. Ich genieße den Kaffee dann als etwas ganz Besonderes. Auf eine solche Ausnahme reagiert mein Körper sehr unterschiedlich. Manchmal bekomme ich innerhalb von zwei Stunden Durchfall, ein andermal habe ich ein wunderbares Gefühl im Bauch und ich spüre die anregende Wirkung des Kaffees, kann aber problemlos einschlafen. Meine Reaktion scheint mit den Zusatzstoffen zusammenzuhängen. Auch Kaffee, der nicht aus biologischem Anbau stammt, kann bekömmlich sein.

Nun werden Sie denken, dass ich jetzt viel Zeit habe, weil ich nicht mehr einkaufen gehe, nicht mehr koche, nicht mehr spülen muss. Das stimmt nur teilweise. Ich brauche viel Disziplin, denn ich habe viele unterschiedliche Interessen und teile mein Leben in verschiedene Bereiche ein. Viel Zeit nehme ich mir für die Körperpflege, meine physischen Übungen und zum Meditieren. Die Verbesserung der Ordnung und die Einführung einer neuen Ordnung in meinem Umfeld, in meinen Projekten und Plänen verlangen Zeit und ausgerichtete Absicht und Willen. Ich bin sehr arbeitsam und helfe auch anderen unentgeltlich; Erfüllung und Wohlbefinden wollen geteilt werden.

Bitte seien Sie nicht neidisch, auch ich komm manchmal in die Bredouille und muss mich z.B. plötzlich beeilen, um die U-Bahn nicht zu verpassen. Die Fülle an Zeit, die mir während des LNP zur Verfügung stand, ist verschwunden. Ich sollte den Faktor Zeit in meinem Leben meinen jetzigen Bedürfnissen anpassen, denn die Zeit ist dehnbar. Der wesentliche Punkt im Erleben der Zeit besteht darin, sich ihrer bewusst zu sein und sie sich wieder anzueignen, um sie durch sinnvolle Aktivität zu füllen. Alles andere ist wirklich eine Verschwendung... und nicht nur Zeitverschwendung. Mit wem und womit ich meine Zeit verbringe, was ich tue, ist definitiv ein Thema – und nicht nur für Praniker.

Im Laufe der Zeit verändert sich der pranische Schlaf. Er wird intensiver und daher qualitativ hochwertiger, so dass sich als Konsequenz die Schlafdauer verringert.

Im Winter benötige ich ein wenig mehr davon. Ich schlafe leicht ein und wache leicht auf, wie ein Kind. Beim Aufwachen erlebe ich ganz deutlich, wie ich in meinen Körper hineinschlüpfe und habe dann sogleich Lust aufzustehen und etwas zu unternehmen. Ich bin auch sofort klar im Kopf und weiß, wo ich bin und welche Aufgaben heute anstehen. Das ist nicht immer selbstverständlich, denn ich reise viel und übernachte in unterschiedlichen Orten. Der Schlaf ist tief und sehr regenerierend. Ich bringe manchmal eine Stimmung, eine Lösung oder eine Idee mit aus dem Jenseits. Selten jedoch die Erinnerung an einem Traum.

c) Der pranische Körper

Wie verändert der pranische Körper reagiert, kann deutlich an den Ausscheidungen, deren Geruch und Farbe beobachtet werden. Die Menge ist viel geringer und viel leichter als bei grobstofflichen Ernährungsweisen. Auch die Ausdünstungen des Körpers sind nur noch sehr dezent. Das schätze ich sehr, umso mehr, weil die eigenen

Sinne viel entwickelter und feiner geworden sind. Nach der Entschlackungsphase ist der Urin klar und dünn und würde sich hervorragend zur Urintherapie eignen, weil die Hemmschwelle reduziert ist, wenn er kaum nach Urin riecht und schmeckt, sondern eher süßlich und fruchtig.

Der fast geruchlose Körper hinterlässt in Kleidern, Schuhen, Bettwäsche und Textilien, mit denen er in Kontakt kommt, keinen unangenehmen Schweißgeruch. Trotzdem bin ich sehr reinlich - mehr als zuvor. Ich bin kräftig und mein Körper ist trainiert. Ich bin gesünder als zuvor. Ich habe keine Gelüste. Ich rieche gerne Nahrung oder sehe einen appetitlichen Teller gerne an, ohne das Bedürfnis, mir das Essen einzuverleiben. Es ist alles wie eine schöne Erinnerung mit allen Sinnesempfindungen. Ich kann sie ganz präzis und differenziert wieder hervorrufen. Und sie dort lassen, wo sie sind: in meinem Erinnerungsvermögen, in meiner Vorstellungskraft.

Im Mund habe ich immer wieder unterschiedliche Geschmacksempfindungen, aber hauptsächlich das Gefühl von Süßem und Salzigem, das sich abwechselt und sich teilweise köstlich kombiniert. Kennen Sie salziges Karamell, wie man es manchmal in der Bretagne findet? Ja, ungefähr so ist mein Empfinden (nur ohne die Kalorien). Jetzt habe ich Gelüste geweckt, Entschuldigung! Wenn es mir aber nicht so gut geht und ich verliere Gewicht, habe ich einen bitteren Geschmack im Mund. Eine Menge an chemischen Prozessen findet weiterhin im Körper statt. Ich bestehe ja nicht nur aus Licht und manche Veränderungen sind durch den Geschmack im Mund nachvollziehbar.

d) Die Rhythmen und meine Eigenartigkeit

Während der Umstellungszeit und der Ankerung des Pranas habe ich mir viele Gedanken über meine Reaktionen gemacht. Ich hatte eine gewisse Erwartung, der Prozess laufe geradlinig ab. Diese Einstellung basierte auf meiner Lektüre und auf Erzählungen mancher Personen, die mir gelegentlich beigestanden hatten. Beim Lesen eines Berichtes bekomme ich eine Übersicht und eine

Zusammenfassung der Erfahrung und Ereignisse. Wenn ich jede Sekunde drinstecke, ist die Perspektive emotionaler und chaotischer – und somit weniger homogen. Teilweise erlebe ich gleichzeitig verschiedene Strömungen und Stimmen aus den verschiedenen Aspekten: sie scheinen sich gegenseitig zu widersprechen. Die unterschiedlichen Anteile des Seins werden mit den inneren Bildern konfrontiert, auch manchmal davon überwältigt. Ich bin durch den Inhalt der letzten Meditation gleichzeitig sowohl im siebten Himmel als auch deprimiert darüber, wie mein Körper durch das schnelle Abnehmen aussieht und gleichzeitig besorgt, dass mein Gewicht zu sehr absinkt, und dass manche teure Freunde auf das Thema Lichtnahrung einfach nicht ansprechbar sind. Dann scheint die Sonne und ich genieße die wohltuende Wärme und erlebe einen ekstatischen Zustand. Das Erleben ist hoch konzentriert. Himmelhoch jauchzend verläuft der Tag.

Mein ganzes Leben scheint dieses pranische Erleben angestrebt zu haben. Am 21. Tag bin ich aber deprimiert. Ich kann mich einfach nicht freuen. Nicht einmal ein: He, ich hab´s geschafft!

Wohl weiß ich, dass ich nicht Veganerin, Vegetarierin oder Fleischfressende sein will. Aber pranisch auch nicht? Nein, nicht besonders. Was denn nun? Die Meditation bringt mich wieder ins Gleichgewicht.

Das habe ich schon erzählt, um zu zeigen, dass es auf ein Auf und Ab gibt - während des Prozesses und auch noch danach. Die Entscheidung war für mich von vorneherein klar, obwohl ich meinem Wohlbefinden das letzte Wort gegeben hatte: Wenn ich mich damit nicht wohlfühle, höre ich auf.

Heute hatte ich einen sehr bereichernden Austausch. Mir wird ein ganz anderer Blickwinkel angeboten: der Prozess ist ein organischer Vorgang, der sich in Wellen vollzieht. Ein Schaukeln, dem man nicht Rechnung tragen würde, wenn man es als statisch betrachten und sich gegen seine Rhythmen stellen würde. Die Entgiftung ginge sowieso weiter. Es handelt sich um eine tiefe Umstellung auf mehreren Ebenen, die nicht unbedingt synchron verläuft, was bedeutet, dass manche feinstofflichen Schichten das Prana leichter aufnehmen und integrieren als andere. Auch wenn der Vorgang überwiegend im Pranakörper oder Ätherkörper stattfindet. Dazu kommt das zyklische im Sinne von Auf und Ab innerhalb einer Zeitspanne: es geht eine Zeitlang gut, und dann, eben in meinem Fall, muss ich mich an die Warnzeichen des Körpers in der Gegenwart anpassen.

Anscheinend geht es vielen Pranikern so. Nur die wenigsten halten es durch und schaffen es von heute auf morgen und beständig auf Nahrung, geschweige denn auf Flüssigkeit zu verzichten. Im Westen. Auch bei pranischen Menschen, die nach Jahren nur gelegentlich einen Schluck Wasser pro Woche zu sich nehmen, war diese Reduktion ein allmählicher Werdegang.

Am Anfang hatten auch sie mehr Flüssigkeit oder mehr Schlaf gebraucht. Die geradlinige Entwicklung, die sich die linke Gehirnhälfte wünscht, ist eher konträr zum Prana, das unmittelbar mit dem Leben und mit der Lebenskraft verbunden ist. Leben bedeutet Veränderung und Entfaltung in Wellen oder Zyklen. Es leuchtet mir ein, den LNP und die Zeit danach auf diese Weise zu betrachten und damit zu fließen, anstatt etwas zu erzwingen oder den aktuellen herrschenden Zustand zu bekämpfen. Ich finde es interessant zu beobachten, wie ich mit meinem Körper und seinen Zellen telepathisch kommunizieren kann. Die Tatsache ist aber, dass sie 24 Stunden am Tag telepathisch sind, nicht nur, wenn ich ihnen einen vernünftigen Vortrag abhalten will: jetzt aber, liebe Zellen, wir wollen nur noch einhundert Prozent pranisch sein bis zum Ende dieser Inkarnation. Eigentlich ist genau das meine Intention. Aber mein Körper hat vielleicht etwas anderes vor. Er lauscht den Botschaften, die aus dem Unterbewusstsein sowohl kollektiv als auch individuell auftauchen.

Und nun zum Muster „Angst vor dem Abnehmen". Ursprünglich wollte ich es durch Hypnose bearbeiten. Ein schöner Trick für die linke Gehirnhemisphäre: Programmierung stört dich. Also Programm löschen. Der Mensch ist eine Maschine, ein Computer. Etwas passt nicht und es wird ausgeschaltet, so dass es zur allgemeinen Anschauung passt. Meine Auffassung ist eher eine natürliche, organische und lebendige. Meine Betrachtung des Lebens ist ein weiblicher, mystischer, fließender Zugang, der die Meander des Geschehens flexibel und geschmeidig miterlebt. Und jetzt ist eine Entschleunigung des pranischen Zustands durch das Einbeziehen der Bedürfnisse des materiellen Körpers angesagt. Ich halte mich auf alle Fälle an Flüssigkeiten.

Rhythmen, Zyklen und Variationen wirken auf das eigene Leben mit wechselnden Phasen: ja, das pranische Leben ist wie das normale Leben, allerdings verbunden mit einer tiefen inneren Sicherheit, mit einem genährten Abstand zu den eben beschriebenen Veränderungen. Jawohl, ich bin satt und dieses satt sein drückt sich aus durch ein unmittelbares Vertrauen in die Richtigkeit des Augenblickes.

In Zusammenhang mit den Rhythmen möchte ich den Begriff Prozess erkunden. Dieses Wort ruft eine Entwicklung hervor, einen chronologischen Ablauf mit verschiedenen Vorgängen, die entweder aufeinander aufbauen, ineinanderlaufen oder sich rückwärts, vorwärts, nach oben oder unten bewegen. Auf alle Fälle tut sich etwas: ein Werdegang entfaltet sich. Das ist das Gegenteil zu einem statischen Zustand. Das Ziel ist noch nicht erreicht. Vielleicht wird es nie erreicht werden, denn „der Weg ist das Ziel", wie die Taoisten sagen. Und der Weg ist da, um gegangen zu werden, um erlebt zu werden mit allen Zellen, Sinnen, Gefühlen, Reflektionen und Einsichten, die er in einem hervorrufen mag. Das ist der Gegensatz zu der Taste, die gedrückt wird – gleich bin ich da, gleich habe ich die vermeintliche Antwort. Beim Prozess gibt es keine allgemein gültige Antwort, sondern eine Reihe von Erfahrungen und Erlebnissen, die in Übereinstimmung sind mit dem Wesen oder eben nicht.

Ich lebe heute noch pranisch, weil ich einen wachsenden, sich entfaltenden Einklang mit meinem inneren Wesen erlebe. An dem Tag, an dem die Lichtnahrung nicht mehr stimmig ist, kann ich entscheiden, mich anders zu ernähren. So einfach und so frei ist das.

Der pranische Zustand verlangt Wachheit und Flexibilität, Selbstverantwortung und Klarheit. Auch eine Menge Introspektion. Dabei bin ich wieder einmal mit einer meiner Eigenarten konfrontiert worden. Häufig treten bei mir bei einem Ablauf, der bei den meisten Menschen problemlos vonstattengeht, seltene Komplikationen, Varianten oder Abweichungen auf. Irgendwie habe ich etwas, das mich dazu prädestiniert, obwohl ich – oder gerade deshalb – alles mache, wie man es machen sollte. Vielleicht ein wenig zu genau. Irgendwie schaffe ich es immer, die Dinge gründlicher zu erfahren durch auftretende Ausnahmen oder besondere Situationen, die sich die anderen nicht vorstellen können. Diese Veranlagung für Abweichungen und Besonderheiten hat einen großen Vorteil: Ich sammle so viel Erfahrungen und gewinne Einblicke in Hintergründe und Nebenwege, dass ich vieles in Frage stellen kann, aber auch tiefes Verständnis gewinne für Vorgänge, die sonst nicht alles preisgeben würden, wenn sie reibungslos abliefen.

Für mich als Dozentin ist es ein riesiger Schatz an Wissen und an direkter Erfahrung, auch bezüglich der Fehler und Nebenaspekte. Solche Erlebnisse ermöglichen es mir, Zusammenhänge, die nicht oder nur selten erwähnt werden oder eine Verhaltensweise, die unbedingt vermieden werden sollte, grundlegender und aus erster Hand zu entdecken und erforschen. Dadurch wird mein Unterricht bereichert und ich kann manches unmittelbar begründen.

Und so bin ich zum Schluss gekommen, dass jeder LNP eine individuelle Metamorphose ist. Prana Nahrung ist nicht gleich Prana Nahrung. Jede/r Praniker bringt seine ganz persönliche Veranlagung mit ein in den Prozess. Für mich ist es wichtig zu definieren, wie ich die Lichtnahrung erfahre, was sie für mich bedeutet und wie ich sie weiter erleben will. Diese Definition und die damit verbundenen Erlebnisse sind deshalb nur für mich gültig. Es geht hier um eine persönliche Umstellung auf Lichtnahrung. Und ich bin pranisch auf meine eigene Art und Weise, in meinem eigenen Rhythmus und mit allen Eigenarten, die mein sind.

4. Meine psychisch - geistige Verfassung

Sie ist während des ganzen Prozesses überwiegend gut, optimistisch und zuversichtlich, außer am 21. Tag, an dem ich mich irgendwie nicht so richtig freuen konnte.

Ich habe ebenso hier erwähnt, dass ich größere Schwankungen erlebt habe. Genauer gesagt sind es unterschiedliche Gefühlsschichten, die ich gleichzeitig erfahre. Zeitweise erzeugen ihre Gegensätze eine innere Spaltung. „Bin ich jetzt glücklich?“ frage ich mich gelegentlich im Laufe des Prozesses. „Ja“, antwortet eine tief rührende Empfindung, die mir fast Tränen entlockt. Im nächsten Augenblick bin ich aber völlig entsetzt, weil der DHL-Bote läutet und mich aus meiner Ekstase herausreißt. Natürlich zeige ich das Entsetzen nicht, als ich die Tür aufmache und mich für mein Paket bedanke.

Begeisterungsfähigkeit ist nichts Neues für mich als Schütze-Frau. Jedoch hat sie der pranische Zustand noch wesentlicher verstärkt. Schönheit und Harmonie oder einfach schön geschnittenes Haar oder stimmige zwischenmenschliche Verhältnisse erfüllen mich mit Entzücken. Die Richtigkeit des Moments überrascht und erfüllt mich immer wieder. Diese Empfindung bleibt über die Zeit bestehen, obgleich ich weniger emotional später darauf reagiere. Allmählich pendeln sich meine Schwankungen ein und ich gewinne mehr Abstand meinem Gefühlskörper gegenüber.

Während des Prozesses fühle ich mich durchlässig und die äußeren Ängste und Projektionen sind mir besonders unangenehm. Ich brauche mehr Abgrenzung. Mehrbettzimmer sind definitiv für mich nicht mehr möglich. Ich muss die Möglichkeit haben, früh aufstehen oder mich erst ganz spät zurückziehen zu können. Auch im Schlaf bekomme ich die Reaktionen anderer Menschen mit.

Die Wahrnehmung der Sinne und des Geistes ist nicht nur intensiver geworden, sondern auch durchdringender. Jedoch bin ich parallel dazu widerstandsfähiger geworden. Es ist nicht so, dass eine Überempfindlichkeit im Sinne einer überwältigenden Aufnahmefähigkeit oder einer gesteigerten Emotionalität oder

Verletzlichkeit entsteht, wie wenn die Auraschichten nicht harmonisch miteinander kommunizieren. In einem solchen Fall besteht eine Verschiebung von Gefühlen und Denken. Äther-, Astral- und Mentalkörper sind nicht im Einklang. Dies trifft im pranischen Zustand nicht zu.

Durch die Umstellung bin ich spontaner, klarer und nicht unbedingt diplomatischer geworden. Ich ahne vieles im Voraus. Mir ist einiges bereits klar, bevor es sich ereignet. Ich kann nicht zu viel Nähe zulassen oder sie nicht so lange aushalten. Ich brauche mehr Raum für mich, denn meine Aura ist ausgedehnter. Es scheint mir, als ob ich mehr Übersicht über meine inneren Prozesse gewonnen hätte aber auch über die äußeren Abläufe, sowohl meine eigenen wie die anderer Leute. Ich stecke weniger „drin". Gleichzeitig ist mir das Verständnis durch das Mitfühlen umso zugänglicher.

Auffällig ist eine Ordnungsliebe, die ich zuvor in dieser Intensität nicht kannte, obwohl ich mich nicht als besonders unordentlich beschreiben würde. Jedoch ist es tatsächlich vorgekommen, dass ich ein Kleidungsstück nicht getragen habe, weil ich nicht dazu kam, den Knopf anzunähen oder irgendeine kleine Arbeit anzufertigen. Solche unerledigten Kleinigkeiten gibt es nicht mehr. Und besonders erfreulich ist, dass mir alles gelingt: Die Haare legen sich richtig, die Blumen lassen sich arrangieren und stehen wie gewünscht in der Vase, die kleine Näharbeit lässt sich durchführen, ohne dass ich die Nadel verliere, den Faden entwirren muss, bevor ich überhaupt anfange usw. Die Umstellung auf Licht hat mir einen neuen Zugang zur materiellen Welt geöffnet. Verwunderlich, nicht wahr? Die meisten Dinge verlaufen ordnungsmäßig in meinem Leben ab. Ich erkenne die Richtigkeit der Dinge und auch mein Ego nimmt sie eher an. Daraus entsteht ein innerer Frieden. Der englische Begriff „with ease", auf Deutsch „einfach und leicht, ohne Anstrengung oder Mühe" kommt mir in den Sinn. Im Fluss sein. Und ease ist das Gegenteil von „dis-ease".

Sobald das Prana installiert wurde, habe ich die Botschaft erhalten, die Lichtnahrung diene für mich als Sprungbrett und sei kein

Sinn und Zweck in sich alleine. Das heißt, ich habe eine Prüfung bestanden, aber die nächste stünde bereits vor mir, Obwohl ich sie noch nicht kenne. Ein Schritt nach dem anderen. Und ich werde zu gegebener Zeit entdecken, wohin der Weg führt. Genauso wie im wahren Leben.

5. Meine spirituelle Verwandlung

a) Selbstbewusstsein und Nahrung

Die Wahl, mich von Lichtnahrung zu ernähren, ist eine der wichtigsten Entscheidungen dieser Inkarnation. Genügend Zeit und Überlegung habe ich vor der Umsetzung des Projektes investiert, nicht nur die zwei Jahre mit der Nahrungsumstellung.

Es war für mich klar und deutlich, dass diese Entscheidung nur aus meiner Höheren Instanz stammen kann, aus meiner vollkommenen Souveränität. Nicht aus meinem Ego als eine vorübergehende Neugierde und nicht unter dem Einfluss eines Umfeldes. Diese reine Motivation würde ich jeder/m ans Herzen legen. Niemals würde ich jemanden zum LNP überreden oder dazu ermutigen oder überzeugen wollen. Es kommt von innen heraus und dann weiß man ganz genau, dass es sich um die richtige Option handelt. Alles, was mit schierer Neugierde, Versuch und Abenteuer verbunden ist, sollte als solches erkannt werden, was es ist: eine Spielerei, ein Nervenkitzel für gelangweilte Menschen der westlichen Welt. Ok, dagegen ist nichts einzuwenden. Aber bitte seien Sie ehrlich sich gegenüber, (Wem sonst?) und beginnen Sie zuerst mit kurzen Fastenzeiten unter fachlicher Anleitung.

Der Spruch „Du bist, was Du isst“ ist sinnvoll, insofern er den Selbstwert und das Gewahrsein der Person widerspiegelt. Womit wir unsere Zellen füttern, beeinflusst wiederum die Gedanken, das Fühlen-denken, das Verhalten.

Ich beurteile und verurteile keine Ernährungsweise. Machen Sie sich aber bitte bewusst, was für sie im Moment stimmt und wer und wie dafür getötet wurde und was für Gifte darin enthalten sind! Die natürlichen, chemischen Vorgänge, die im Körper stattfinden, sind ausschlaggebend für das Denken und das Verhalten. Allein die Reaktion auf die Ernährung mit den Smoothies war schon beeindruckend. Mit der Lichtnahrung ist es eine weitaus tiefgreifendere Erfahrung, die das ganze Leben durchflutet, zu mehr Selbstverantwortung ruft und zu konsequenten Verhaltensweisen führt. Ich bin eins mit mir. Die Läuterung, die im Inneren sowie im Äußeren entsteht, macht alles klarer, wahrhaftiger. Und was nicht wahr und klar war, wird unter einem Spotlight zur Schau gestellt, bis man sich damit auseinandersetzt.

In den letzten Monaten habe ich neue Arbeitsweisen entwickelt und viel Neues entdeckt, was den Menschen spirituell, energetisch und feinstofflich hilft. Auf eine Art bin ich intelligenter geworden, empathischer, reagiere aber völlig allergisch auf Dummheit und Gefühlsduselei. Es ist Zeit, dass die Menschheit erwachsen wird.

b) Die spirituelle Anbindung

Sie ist eine grundlegende Voraussetzung. Das hat nichts zu tun mit Kirchen und religiösen Institutionen. Sie ist die natürliche Anbindung zum Großen Ganzen und zum Bewusstsein der Ewigkeit und der Unendlichkeit, worin jede Zelle badet. Diese Verbindung ist von jedem immer und überall erreichbar. Und sie kostet nichts.

Ich bin darin eingebettet, sie führt, heilt, nährt und schützt mich. Sie drückt sich aus durch Fügung und Intuition, durch meinen inneren Dialog mit Bildern und Gefühlen, durch Fordern und Ernten dessen, was mir zur Verfügung steht.

Während des LNP und danach ist meine spirituelle Anbindung stärker, deutlicher und intensiver geworden. Sie veranlasst einen Lebensfluss mit Vertrauen und geschmeidiger Intuition. Hingabe begleitet und folgt den Meandern der Transmutation und der Transformation, denn es gibt Veränderungen, einerseits im Denken (mental) und andererseits in der Form (Körper).

Gleichzeitig bedarf es der Bereitschaft, Verantwortung für mich als Seele, Geist und Körper für meine Handlungen und

Unterlassungen zu übernehmen sowie der Fähigkeit, spontane Entscheidungen zu treffen – eventuell zu erkennen, dass ich nicht mehr pranisch leben will.

Die spirituelle Anbindung ist gleichbedeutend mit „genügend, ausreichend, angemessen". Daraus entsteht eine ausgewogene Genügsamkeit, die weiß, dass sie alles bekommt, was sie braucht. Nicht mehr, nicht weniger. Und die Inspiration, die Führung, die Synchronizitäten melden sich, tauchen auf – unerwartet, im Einklang mit dem Gemeinwohl, wenn man klar formuliert hat, was benötigt wird. Die spirituelle Anbindung, das Licht, ist das Gegenteil von Mangeldenken, Gier, blindem Materialismus.

Ein konkretes Beispiel dafür: ich habe erwähnt, dass ich während des LNP von einer sehr vorteilhaften astrologischen Konstellation begleitet wurde. Ich hatte keine Ahnung davon, als ich mich für die Zeitspanne vom 11.04. bis 01.05.2017 entschied. Ich hatte nämlich ganz andere Kriterien im Kopf, eigentlich praktische Daten, die sich nach meinen Seminaren richteten. Die Osterzeit fand ich energetisch interessant. Ich weiß aus Erfahrung, dass ich eher günstige Zeitpunkte spontan wählen kann. Dass ich aber gerade eine äußerst vorteilhafte Phase gewählt hatte, die einmal in zwölf Jahren auftaucht, kann nur von einer ausgezeichneten Führung kommen. In der Tat hat mir der Mars sehr viel Kraft, Ausdauer, Widerstandsfähigkeit verliehen und ebenso viel Kampfgeist.

Ganz bewusst habe ich mich entschlossen, alleine den LNP durchzuführen – und nicht in einer Gruppe – weil ich nur von meiner Führung, von meinem Höheren Selbst die Anleitung erhalten wollte. Die Ruhe und der Rückzug ohne Ablenkung sind mir dafür wichtig.

Vielleicht noch ein Wort zur Disziplin. Ein paarmal habe ich gehört: „Ja, das könnte ich auch, ich habe viel Disziplin" oder „Oh, die Disziplin hätte ich nie!"

Ich habe mir die Frage gestellt, wie viel Disziplin ich an den Tag lege. Habe ich Durchhaltevermögen? Natürlich sind, wenn man sich etwas vornimmt, Fokus, Ausrichtung und Wille nötig. Disziplin ist da eher fehl am Platz. Es ist eher die Hingabe an ein höheres Ziel, das mich motiviert. Eine Qual oder eine Selbstkasteiung sollte Prana

Ernährung auf keinen Fall sein. Das stimmt nicht mit der freiwilligen, selbst bestimmten inneren Abmachung überein.

c) Meditation

Die ursprüngliche Meditation habe ich von einem langjährigen Praniker erhalten. Ich habe sie nach und nach meinen Erkenntnissen und meiner Führung entsprechend angepasst und verändert. Sie ist für mich lebenswichtig, mein Nektar, meine Ladestation, meine Verbindung zur Quelle. Ich führe sie regelmäßig durch.

Hier ist es mir wichtig, eines zu betonen: wir sind ständig und immer spirituelle Wesen, nicht nur dann, wenn wir meditieren oder versuchen „heilig zu sein“ (oder so zu erscheinen). Diese Spaltung zwischen spirituell und materiell – im Westen sowie im Osten – führt zu einer Verzerrung der Wahrheit, zu Manipulationen und zu Machtspielen. Tatsache ist, dass der physische Körper, die Zellen nicht existent wären, gäbe es keine Feinstofflichkeit, kein Licht, die die Information „Körper von Frau D.“, „Leberzelle“ usw. geprägt hätten. Ob spirituelle Themen und Lebenswandel im Augenblick von Interesse sind oder nicht, ist eine Entwicklungssache. Die Freiheit steht uns zur Verfügung, ob sie jetzt vordergründig ist oder nicht. Jedes Wesen ist Teil der alles durchdringenden, tragenden Kraft.

Aus diesem Bewusstsein heraus fokussiere ich mich auch im Alltag darauf. Diese Entscheidung ist eine lichtvolle, lebensbejahende, voller Schönheit und Glückseligkeit.

Die Wahrnehmungsfähigkeit der Sinne und der Übersinne (Hellsichtigkeit, Hellhören und Hellwissen) ist seit der Umstellung auf Prana feiner und präziser geworden. Für Sie habe ich ein Zitat aus einem Buch, das hoch empfehlenswert ist: „Vitamine, Mineralstoffe, Spurenelemente. Gesund und fit mit Vitalstoffen. Ein kritischer Ratgeber“ von Heinz Knieriemen. Herr Knieriemen gibt nicht nur unzählige, leicht verständliche Informationen, Auskünfte und wertvolle Erklärungen, er besitzt zusätzlich ein tieferes Wissen über die Zusammenhänge. Lesen Sie bitte Seite 94 seines Werkes. Um Ihnen den Weg dorthin zu verkürzen, teile ich mit Ihnen dieses Zitat.

„Wir können die geruhsame sinnliche Lust gegen den universellen Wahnsinn des Fast Life und Fast Food verteidigen. Dann tragen wir den Bazillus des sinnlichen Vergnügens weiter und verweigern die Gefolgschaft dort, wo die Lust in Gefahr ist."

Es liegt in der Einstellung, in der Dankbarkeit und in der Begeisterungskraft über die natürliche Schöpfung. Über das Wunder des Daseins in seiner Vollständigkeit. Das ist die Meditation.

6. Unterstützung und Begleitung

a) Morphogenetische Felder

Der Begriff von Feldern entstand in den 30er Jahren im Bereich der Physik. Ich denke beispielweise an Dr Saxton Burr, der „zufällig" L-Field entdeckte und dem von vielen anderen Entdeckern mit der Bezeichnung „Feld" gefolgt wurde.

Ruppert Sheldrake stieß auf Gestalt gebende Muster, die in ihrer feinstofflichen Form Absichten darstellen und die Struktur der Realität allmählich gestalten. Was uns umgibt ist ein Konstrukt, das sich durch Zeit und Wiederholung, sprich Ausbreitung einer mentalen Form oder eines Begriffes zur erlebten oder greifbaren Tatsache in der sogenannten Wirklichkeit entwickelt hat.

Was unser Thema, also das morphogenetische Feld der Lichtnahrung angeht, ist es in der dritten Dimension, in der sich die Mehrheit der Menschheit befindet, noch nicht so fest verankert. Es ist noch nicht Teil des Alltags der meisten Leute.

Welcher Auslöser oder Faktor könnte dieser etwas anderen Nahrungsaufnahme zu einem Platz im Bewusstsein der Menschen verhelfen? Gerade die Verbreitung des Begriffes, der Möglichkeit, dass so etwas machbar ist, etabliert seine reale Wertigkeit auf der Manifestationsebene. Und da sind wir beim 100. Affen, der seine Kartoffel wäscht oder seine Banane vor dem Verzehr schält. Neue Gewohnheiten, Begriffe und Geräte brauchen ihre Zeit, bis sie angenommen werden. Leider verrennt sich das Gros der Welt in elektronische Anwendungen und Abhängigkeiten, die eigentlich den

Menschen genau von der Ausübung seiner wahren Fähigkeiten abhalten und ihn seines wahren Potentials fast unbemerkt berauben.

Anders betrachtet: jeder, der sich mit Prana Nahrung (oder irgendeinem neuen Thema oder einem in Vergessenheit geratenen Begriff) gedanklich, emotional und durch Erfahrung beschäftigt, trägt zu diesem Thema bei. Gleichzeitig entsteht eine Realitätsblase, die wie eine Kraft gebende Ebene, wie ein Pool, wirkt für jeden, der sich durch sein Interesse damit befasst. Die Fortschritte, die Erkenntnisse und Erlebnisse, die ich in diesem Zusammenhang gesammelt habe, werden gespeichert im Pranamorphogenetischen Feld, wie diejenigen von allen anderen Pranikern aller Zeiten. Diese Ansammlung bildet wiederum das Reservoir, was als stärkendes, energetisches und mentales Sammelbecken angezapft und gezielt verwendet werden kann, wenn man sich telepathisch und durch Resonanz an dieses anschließt. Das ist gleichzeitig mein Beitrag und mein Vorteil, den ich daraus ziehe, wenn ich mich für die Weisheit der anderen Praniker empfänglich mache.

Übrigens: Alles, was wir erleben, wirkt wie ein unmittelbarer Beitrag zum jeweiligen Thema, zum allgemeinen Sammelbecken aus Wissen und Erfahrungen der Menschheit. Und last but not least dient es der Weiterentwicklung und Realitätsgestaltung der zukünftigen Erdbevölkerung. Aus dieser Perspektive darf kein Mensch sein Tun oder Nicht-Tun sowie seine Verantwortung dem Ganzen gegenüber unterschätzen. Wir sind die Zellen eines riesigen Organismus und jedes menschliche Wesen trägt entweder zur Gesundheit oder zum Verfallen des übergeordneten Lebewesens bei. Und natürlich existiert eine ständige Interaktion und Interdependenz zwischen ihm und jedem von uns.

b) Führung aus verschiedenen Ebenen

Ich habe mehrere Geistführer, die mich auf diesem Weg begleiten. Ich teile sie auf folgende Weise ein:

Meine Totemtiere, auch Krafttiere genannt, sind der Wolf und die Spinne. Sie instruieren mich über die instinktiven Reaktionen und über den Verlauf des Prozesses. Sie können sich aggressiv, aber unterstützend zeigen. Auf keinen Fall schonen sie den Menschen und sein Ego. Sie stammen aus dem Tierreich und sind spürbar anders als das Menschliche. Ihre Führung ist mir unentbehrlich, denn sie sind wichtige Helfer, wenn sie mit dem Prozess einverstanden sind. Und so kann eine vertrauliche Beziehung entstehen.

Das morphogenetische Feld der Praniker ist überall in der Welt vorhanden. Diese energetische Entität enthält das Wissen und die Erfahrung von allen pranischen Menschen, die es je gegeben hat. Im Besonderen sind die sich aktuell entwickelnden Tendenzen in Verbindung mit den neuen Paradigmen leicht zugänglich. In diesem Wissensfeld sind auch die Informationen der spirituellen Traditionen und Personen des Ostens und des Westens beinhaltet, die direkt oder indirekt mit der Lichtnahrung zu tun hatten und haben, zum Beispiel Theresa Neumann oder die ChiGong Meister, um nur einige zu nennen. In dieser Informationswolke finden sich zudem das Streben und die Auseinandersetzung mit der Lichtnahrungsthematik aus wissenschaftlicher Perspektive (Dr Michael Werner). Ebenfalls ist dort gespeichert der Forschungs- und Experimentiergeist tausender Menschen, die sich mit dem Pranismus beschäftigen, selbst wenn sie nicht für längere Zeit in dem Lichtnahrungs-Modus verharren. Beispielweise denke ich unter anderem an Menschen, die den dreiwöchigen Prozess durchlaufen und anschließend zur festen Nahrung zurückkehren. Ihre Erfahrungen sind wertvolle Türöffner für diejenigen, die sich zu einem späteren Zeitpunkt ebenfalls auf den Weg begeben.

Den physischen, materiellen, grobstofflichen Körper zähle ich außerdem zu den Entitäten, die ihre unübersehbaren und folgenreichen Rückmeldungen liefern und dadurch eine führende Qualität übernehmen.

Die Geistführer respektieren zwar unseren freien Willen, geben aber auf Gebete und Anrufungen Antwort. Sie melden sich über die

Hellsinne wie Hellsichtigkeit oder Hellhören, sofern diese entwickelt sind. Unter Umständen entstehen aus ihnen Konstellationen von Ereignissen, die als Zeichen dienen, um den Weg zu zeigen oder manche Vorhaben zu hemmen, sollte das Streben nicht sinnvoll oder gar schädlich sein. Synchronizitäten zählen ebenso dazu wie Hinweise in der realen Welt, beispielweise Zufälle, Inspirationen und Träume – also die eigene Intuition zusammen mit Bauch- und anderen Gefühlen sowie Einfälle und eine ganze Reihe von spontanen Reaktionen, die wir teilweise mit dem Intellekt gar nicht registrieren. Des Öfteren jedoch leiten sie, beschützen und retten sie uns sogar.

Ständig und überall sind wir eingebettet in der kraftvollen und liebevollen Absicht des Lebens, die uns umhüllt. Dieses Verständnis ermöglicht den Zugang und die Erfahrung des Geistigen, des Spirits durch die Manifestationsebene.

c) Harmonische Synchronizitäten

Sie füllen den Fluss des Lebens mit Übereinstimmungen und sind die Quelle einer tiefen Zufriedenheit. Sie drücken sich dadurch aus, dass man sich mit den richtigen Leuten zum richtigen Zeitpunkt am richtigen Ort befindet. Die Ereignisse entfalten sich auf stimmige Weise und ich habe öfters das Gefühl, jeder Handgriff sitzt, die Führung ist stets tätig auch in praktischen Belangen. Nur ein kleines Beispiel: Durch die Gewichtsabnahme sind meine Unterhosen zu groß und unbequem geworden. Spontan fiel mir die Idee ein, ich sollte zu einem Outlet-Laden gehen, den ich sonst nicht besonders mag und in dem ich noch nie etwas gefunden hatte. Dieses Mal werde ich dort tatsächlich fündig. Unterhosen eines guten Schweizer Herstellers, die richtig sitzen und sehr angenehm zu tragen sind. Und das zu einem sehr vorteilhaften Preis. Heißt es, dass das Licht, mein Höheres Selbst, meine Führung sich auch für das Wohlbefinden meines Pos interessieren? Ich bin zum Schluss gekommen, dass das auf eine gewisse Art und Weise tatsächlich der Fall ist, denn alles ist miteinander verbunden. Die Ebenen sind eng ineinander verwoben. Was oben stimmt, sollte auch unten stimmig sein. Und umgekehrt.

Das Materielle, die „Details", wie ich sie manchmal verachtend genannt habe, haben mich in diesem Leben bereits genug Frustration gekostet. In den letzten Jahrzehnten hat sich einiges verbessert, und zwar in meiner Einstellung und meinem Umgang mit der sogenannten Realität, also mit einem (ganz winzigen) Teil der Wirklichkeit. Mit dem Irdischen. Ich bin geerdet, bin nach 40 oder 50 Jahren endlich auf dem Planeten Erde gelandet. Manche brauchen eben etwas länger. Die Erinnerung an andere Ebenen verblasst nicht bei jedem gleich schnell.

In meinem pranischen Zustand komme ich nicht nur besser zurecht mit der materiellen Welt, sondern mein Bewusstsein umschließt sie mit Ehrfurcht als Teil des Göttlichen mit Hilfe meiner inneren Führung. Sie wird gepflegt und gehegt. Ich habe mich für ordentlich und sauber gehalten, aber jetzt geht es um eine Achtsamkeit für die Manifestationsebene.

Unordnung tut mir weh und ich kann sie nicht lange ertragen. Ein Gefühl, das mein ganzes Wesen umgibt, und nicht nur ein genervt sein, weil ich nicht in einer unordentlichen Umgebung leben will, sondern weil ich eine Ordnung und eine Harmonie vermisse, von der ich nun mehr Ahnung habe oder an die sich die Zellen erinnern. Neuerdings habe ich Freude an Einzelheiten. Alles hat seinen Platz und es gilt, dieses Gewahrsein in meinen Alltag, in meine Umgebung zu übertragen. Möglicherweise ist es Teil des Hedonismus, den ich schon früher erwähnt habe. Schönheit ist im eigentlichen Sinne Ordnung, Stimmigkeit, wobei alles und jedes an seinem Platz ist – als Teilchen des großen Puzzles, als Teil der göttlichen Anordnung. Und dort sollte auch die Unterhose richtig sitzen.

Durch die Umstellung habe ich mich verändert. Ich habe eine andere Schwingung. Ich merke, dass einiges nicht mehr stimmt. Das alte wird ersetzt durch neue Gewohnheiten, andere Menschen und Produkte.

Ich wünsche mir ein anderes Shampoo als dasjenige, das ich seit Jahren verwende und prompt schenkt mir jemand ein wunderbares Haarpflegemittel. Ich brauche einen anderen Zahnarzt als den Herrn, der zwar jahrelang gut war, aber jetzt überfordert ist. Prompt lese ich von einer Zahnärztin, die auf geeignetere Art und Weise arbeitet....

Die Interaktion zwischen Gewahrsein und Realitätsgestaltung fließt reibungslos in meinem Lebensrahmen. Vieles wird einfacher, klarer. Ich habe Freude an der Wechselwirkung zwischen Menschen und Tieren, aber auch Orten, Räumen, Gelegenheiten und Situationen. Dinge ergeben sich aus dem „Zufall" heraus und erfüllen die Bedürfnisse und Wünsche der Menschen im Kleinen und im Großen. Wer wach und wachsam bleibt, beobachtet Fügungen, die das Gewebe der Wirklichkeit aus dem großen kosmischen Tanz spinnt und das innerste Streben widerspiegelt. Dafür klingt man sich aus dem Wahnsinn der Illusion aus und findet eine offene Tür oder gar einen unauffälligen Riss, der sonst keiner gesehen hat....

d) Therapeutische Hilfe

Ich habe eine hervorragende Osteopathin, die sanft, tiefgründig und energetisch arbeitet. Ich hatte eine hervorragende Therapeutin. Sie konnte mir gut helfen bis zum LNP. Auch am Anfang des Prozesses konnte sie Blockaden lösen und den Energiefluss wieder herstellen. Dann merkte ich, dass wir entgegengesetzte Beobachtungen machen. Sie bleibt ausschließlich auf der physischen und physiologischen Ebene und lässt die Umwandlung durch das Licht innerhalb meines Körpers nicht zu. Sie ist nicht imstande, den Prozess zuzulassen und seiner Entfaltung Zeit und Raum zuzugestehen und versteht nicht, dass ich mich in einem tiefen spirituellen, feinstofflichen und energetischen Geschehen befinde. Vor allem bleibt ihr Eindruck auf dem Materiellen hängen. Sie kann es einfach nicht ertragen, dass ich durch die Umstellung auf das Licht an Körpermasse verliere. Sie schaut mich mit einer Mischung von Bedauern, Sorge, Hilflosigkeit an: "Wie können Sie sich so etwas antun?" Es ist offensichtlich, dass sie aus ihrem medizinischen Hintergrund kein Verständnis für den subtilen Prozess aufbringen kann. Auch wenn sie kinesiologische Methoden anwendet und teilweise Energien spürt, ist ihre Formatierung ausschlaggebend, und so entgehen ihr die feinstofflichen Veränderungen in meiner Aura und im Pranakörper. Ich beobachte, wie sich unser Dialog immer mehr zu zwei verschiedenen Monologen entwickelt: wir sprechen von zwei verschiedenen Sachen.

Was mich am meisten stört, sind ihre Ängste. Ihre eigenen persönlichen Ängste. Nicht einmal ihre therapeutisch belegten Befunde, sondern ihre Ängste vor der Neugestaltung, vor dem Umbruch, vor der Metamorphose. Und vor meinem Gewichtsverlust. Nein, was mich am meisten beeinträchtigt, sind ihre negativen Gedanken, die mich tatsächlich während der Behandlung schwächen. Meine Frequenz wird reduziert. Ich sehe und spüre ihre Ängste, ihre Bedenken sowie eine Art Furcht vor dem Ausgeliefert sein, wie sie es in manchen ihrer Inkarnationen erlebt hat, in denen sie selber an Hunger gestorben ist. Da ich ziemlich durchlässig bin, besonders während einer Behandlung, weil ich mich auf Empfang einstelle, ist die Auswirkung auf meinen Organismus nachteilig.

Hier muss ich erwähnen, dass sich mein System durch meine therapeutische Hellsichtigkeit fast automatisch auf Beobachtung und tiefere Wahrnehmung umstellt. Gerade jetzt, als ich auf der Liege bin, fällt es mir schwer, diese Fähigkeit willentlich abzustellen, weil das weit verbreitete menschliche und tierische Empfinden des Nicht-genug-Habens und im Besonderen des Nicht-genug-zum-Essen-Habens natürlich auch eine Resonanz in mir findet.

Einerseits kennt sich die Osteopathin mit dem LNP nicht aus, was man natürlich nicht voraussetzen kann, anderseits ist bei ihr auch keine Bereitschaft vorhanden, das Feinstoffliche mit einzubeziehen. Das ist auch ihr gutes Recht. Ich nehme nicht nur einen Mangel an Verständnis wahr, sondern auch eine Reihe einer für mich unvorteilhaften Emotionen und Einstellungen, darunter die Unfähigkeit, einen Prozess wirklich ganzheitlich zu begleiten. Veränderung wird gerne als pathologisch eingestuft und nicht als energetische und strukturelle, vorübergehende Reaktion des Systems, das sich in einem intensiven Umbruch befindet. Nach der Behandlung finde ich die Information des Mangels in meinen Zellen. In der Tat kann ich von den Zellen die Befürchtungen meiner

Therapeutin ablesen. Mir fehlt nicht nur ihre Unterstützung, ihre unbewussten Projektionen beeinträchtigen mich sogar. Also entscheide ich mich dafür, die Behandlung abzubrechen. Jetzt gilt es, das Licht arbeiten zu lassen.

e) Unterstützung

An dieser Stelle würde ich gerne hervorheben, wie wichtig es ist, sich ausschließlich an echte Praniker oder mindestens Ex-Praniker zu wenden, optimaler an diejenigen, die Wert auf Individualität legen. Besonders wertvoll sind also die Lichtnahrungs-Leute, die die Erfahrung aus erster Hand kennen und einen therapeutischen oder medizinischen Hintergrund besitzen. Alle anderen sind ungeeignet, außer wenn der angehende Praniker auf seine eigenen Bedürfnisse nicht genügend achten kann und seine Körperreaktionen entweder über- oder unterschätzt und dann tatsächlich medizinische Hilfe benötigt.

Wer über Prana Nahrung lediglich gelesen hat oder den pranischen Zustand nur gemessen und Analysen, Theorien und Erklärungsmodelle aufgestellt hat, ist auch kein Praniker. Eine Person dessen Partner den LNP durchgeführt hat oder noch pranisch ist, ist auch kein Praniker, also kein Mensch, der den pranischen Zustand unmittelbar kennt. Dasselbe gilt für Menschen mit Erfahrungen im Fasten, denn sie haben keine Auseinandersetzung mit der Prana und der Lichtnahrung. Es kann hilfreich sein, über die rechte, für Vernunft stehende Gehirnhemisphäre, Ähnlichkeiten zu sehen und Vergleiche anzustellen, aber es darf nicht alles in denselben Topf geworfen werden. Wissenschaftliche Messungen sind interessant, aber sie beschränken sich auf den physischen, materiellen Körper und besitzen keine Möglichkeiten, die feinstofflichen Körper und deren Inhalt an Licht zu erfassen. Höchstens Herr Prof. Dr Fritz Albert Popp könnte mit den speziellen Geräten, die er spezifisch für seine Forschung über den Lichtinhalt von Eierdottern bauen ließ, das Licht in den Zellen eines Pranikers messen. Und selbst das ist eine Vermutung von mir. Alle anderen Messungen treffen nicht den Kern des Themas und sind daher fast wertlos. Und wer darüber gelesen hat oder andere Berichte kennt, die aus der Esoterik oder der Naturwissenschaft stammen, ist vielleicht ein interessanter, belesener Mensch, aber er besitzt keine eigene Erfahrung mit Prana. Und im schlimmsten Fall ist er ein Nachplapperer.

7. Meine Messungen

Außer der Beobachtungsfähigkeit, die ich als Krankenschwester entwickelt habe, verfüge ich über Feinfühligkeit, geschulte Intuition und Hellsichtigkeit. Die objektive Betrachtung der eigenen Prozesse droht öfters verzerrt und von Ängsten und Wunschdenken gefärbt zu sein.

Deshalb verwende ich sowohl für mich als auch für meine Klienten unterschiedliche radiästhetische Unterlagen, die mir objektive Ergebnisse liefern. Ich beherrsche die Handhabung von Pendel und Tensor und kann die Resultate überprüfen durch Wiederholung der Messung, durch Vergleich mit vorigen Ergebnissen, um die Evolution, die Veränderung durch die Auswertung der unterschiedlichen Messungen und Unterlagen verfolgen zu können. Es muss eine nachvollziehbare Logik vorhanden sein, die meinen Beobachtungen und den subjektiven Zuständen entspricht, damit ein Sinn erkennbar ist. Wenn ich mich zum Beispiel erschöpft fühle, kann die Vitalität auf Dauer nicht sehr hoch sein usw.

Setze ich mich mit der Vitalität auseinander, kann ich beispielweise zuerst die globale Lebenskraft feststellen, aber auch die Befindlichkeit einzelner Organe, ihre Blockade und Unterfunktion radiästhetisch in Prozent messen. Das gilt ebenso für die feinstofflichen Körper, die Aura und die Chakren. Insgesamt sind diese detaillierten Daten wesentliche Indikationen, die eine zuverlässige Übersicht des gesundheitlichen Zustandes zeigen. Zusätzlich erhalte ich Informationen über die Funktion des Abwehrsystems und über das Vorhandensein des göttlichen Lichtes in den Zellen, respektiv durch den Aleph und den Shin. Um Ausgleichsmöglichkeiten ausfindig zu machen, ist das Ausmessen der Kompatibilität eine präzise Angabe.

Darüber hinaus gibt es die Möglichkeit zu experimentieren, Tests und empiristische Versuche durchzuführen. Als Pionierin geht es darum mit Mut und Verantwortungsbewusstsein zu beobachten und Erfahrungswerte zu sammeln. Mein Leben ist eine Reihe von Experimenten. Ich fühle mich mit wiederkehrender Regelmäßigkeit von der Neugierde getrieben, Neues zu erschließen und am eigenen Leib Besseres zu entdecken, jenseits üblicher Regeln und Paradigmen. Abenteuer im geistigen Bereich. Zum Schluss muss es praktisch und realistisch tauglich sein. Es muss Hand und Fuß haben und im Alltag praktisch und anwendbar sein. Und es muss das Leben, die menschliche Würde und die individuelle Erfüllung verbessern und steigern.

Die Messungen liefern in dieser Hinsicht klare Rückmeldungen. Des Weiteren sind sie bei dem LNP eine Sicherheitsgrenze, die mir wie ein Licht im Dunkeln eine zuverlässige Orientierung schenken, die meine Entscheidungen vertrauensvoll lenkt.

Immer wieder ist es sinnvoll einen „Reality Check“ zu machen, wobei es essenziell ist, sich nicht durch den allgemeinen Konsens mit seiner „Vernunft“ selbst zu boykottieren.

Diese Aufgabe ist keine leichte. Sie verlangt viel Klarheit, Objektivität und Unterscheidungsfähigkeit. Die Gefahr besteht hauptsächlich darin, dass eigene Persönlichkeitsaspekte noch mit dem alten Denken verhaftet sind: mit den Vorurteilen und Ängsten (vor dem Unbekannten, vor dem Anderssein, von dem Zuviel und dem Zuwenig), mit der Ignoranz und Unfreiheit beruflicher Formatierung, mit den eingetrichterten Formeln „so sollte es sein“, „das darf man nicht“ und allen Sätzen, die mit „man“ beginnen.

Unter den einschränkenden Mustern möchte ich auch noch die „neue Religion“ erwähnen, die sogenannte Wissenschaft. Sie misst, belegt und beweist alles – um eben dies Jahre später zu widerlegen, um die nächste „bewiesene“ Wahrheit mit erneutem Dogma zu präsentieren. Dazu hat jeder Zugang, der lesen kann und versteht, was er verstehen will. Eine Theorie für jeden. Aber es wird auf Exklusivität bestanden nach dem Motto: So ist es und nicht anders!

Das trifft ebenso auf spirituelle, esoterische, therapeutische und intellektuelle Modelle zu. Ich kenne selber einige, habe Freude daran, mit denen zu spielen. Sie begeistern mich sogar. Ich weiß, wovon ich spreche, deshalb erlaube ich mir diese Satire. Ja, es ist geradezu meine Aufgabe, mir all diese mentalen und emotionalen Ablenkungen anzuschauen und eine nach der anderen mit all ihren Assoziationen zu eliminieren.

Dann gilt es das Ganze zur Essenz zu reduzieren.

8. Reaktionen aus dem Umfeld

Ich hatte über mögliche Reaktionen im Familien-, Freundes- und Bekanntenkreis gelesen. Ich hatte selbst tiefsitzende Erinnerungen an Nahrungsmangel und -Knappheit aus vorigen Inkarnationen oder sogar an das Verhungern.

Das ist ein weitverbreitetes Thema in der Menschheit (sogar in der Tierwelt ist Futterneid bekannt), weil es überall auf der Erde und in jeder Epoche präsent ist. Außer derzeit im Westen. Sogar hier gibt es erst seit den letzten 70 Jahren ein Nahrungsüberangebot, an dem allerdings nicht alle westlichen Bewohner teilhaben können.

Die Angst Hunger zu haben, nicht genug zum Essen zu haben, sitzt tief in den Zellen. Man beobachtet nur einmal die Kundschaft, wenn die Supermärkte an zwei aufeinanderfolgenden Tagen geschlossen sind. Wird angekündigt, dass irgendein Nahrungsmittel knapper und teurer wird, kaufen die Leute die Regale leer und horten, mehr als sie verzehren können. Hunger ist ein existentieller Mangel, der Lebensängste schürt. Eine lebenslang gut genährte Europäerin wie ich dürfte nicht so schnell vom Fleisch fallen. Woher also diese hysterischen Reaktionen?

Ok, wir haben alle ein oder mehrere vorausgegangene Leben, in denen wir im Krieg verhungert sind, unter schlechten Ernten und in Gefangenschaft unter Unterernährung gelitten haben usw. oder waren eventuell Babys, die in dieser Inkarnation hin und wieder etwas länger auf die Flasche warten mussten. Das ist ein Programm, das ziemlich schnell auf „Notfall" oder „dringend" umschaltet.

Noch allgemeiner ist die Angst generell und überhaupt nicht genug zu haben, mag es Liebe, Aufmerksamkeit, Besitz, Sexualität usw... sein.

Mangeldenken, einschränkende Glaubensätze, Gedanken und Gefühle sind Ausdruck dieses Musters und daraus folgen entsprechende Handlungs- und Verhaltensweisen. Wir haben da zwei Komponenten: Auf der einen Seite finden sich Angst und Mangel. Beide bringen seit Anbeginn der Zeit die Menschen (und auch sich selbst) gegeneinander auf. Auf der anderen Seite steht die Gier. Also besteht wohl irgendwo ein Überfluss, an dem indes nicht jeder teilhaben kann. „The have and the have not", sagen die Engländer.

Wie wäre es, wenn wir uns einmal entscheiden würden, ein anderes Spiel zu spielen, neue Paradigmen zu verfolgen, die Menschheit langsam aus den Kinderschuhen wachsen zu lassen? Wir vereinbaren, dass jede/r das bekommt, was ihr/ihm zusteht, nicht mehr, nicht weniger. Und dass es von der Quelle erhältlich ist, weil wir mit ihr im Einklang leben. Das ist es, was allmählich stattfindet, wenn die Übereinstimmung mit dem Licht erreicht wird.

Jetzt haben wir einen kleinen Einblick erhalten über mögliche Reaktionen auf die Aussage: ich ernähre mich von Licht.

In einem breiteren Rahmen widerspiegeln die beschriebenen Ausdrucks- und Verhaltensweisen die verbreitete Tendenz, sich einzumischen, Ratschläge zu geben, obwohl man keine Ahnung und keine Erfahrung hat. Fast jeder hat eine Meinung zu allem, immer und jederzeit, jeder meint, er müsse seine Zustimmung bzw. seine Ablehnung ungefragt kundtun. Oberflächlich, ignorant, ohne Erfahrung. Und vor allem unerwünscht.

Eine Freundin hat sehr passende Fragen gestellt, wie ich das mit dem Licht mache. Eine andere hat intelligente Parallele zu ihren Fastenerlebnissen gezogen und den Reaktionen ihrer Familie. Zwei Frauen haben mich nach meinen Motiven gefragt. Eine, nur eine, hat mich danach gefragt, wie es mir dabei ginge. Als ich positiv, sehr positiv geantwortet habe, hat sie gemeint, dann sei es gut und sie freue sich für mich. Mein afrikanischer Freund, selbst ein hoch spiritueller Mensch, der Ritualfasten kennt, sagte zu meiner Lichtnahrung: "Dann wirst Du nicht krank". Interessante Bemerkung, finde ich.

Auch von den vermeintlichen Spirituellen kommen unwissende Rückmeldungen bezüglich Angst vor Mangelerscheinungen. Das hat man Vegetariern ebenso jahrelang vorgeworfen, jetzt traut sich das keiner mehr auszusprechen. Besonders schulmeisterlich ist es, wenn sie ihren Meistern nachplappern, dass die Erdgeister und die Lichtwesen die Lichtnahrung nicht befürworten. Auch Kritiker, die eigentlich wüssten, was das Licht sei, und dennoch behaupten, der Mensch sein noch nicht so weit, um sich davon zu ernähren. Viele heilige Bücher erwähnen zwar das Licht, jedoch für den Menschen gibt es nur Schweiß, Arbeit, Sünde, Leid und davon jede Menge. Schmerzhafte Geburten, ewige unersättliche Sehnsucht nach dem Licht..... Bleibt klein, leidend, unvollkommen, unwissend. Vielleicht gibt es irgendwann im Jenseits dann Licht....... aber nicht jetzt!

Darüber hinaus habe ich Kolleginnen und Therapeutinnen, die mir beim Abschied kurz ins Ohr flüstern: "Pass auf!" Ich bin zu langsam, um zu fragen: "Worauf denn?"

„Wie viel hast Du abgenommen bis jetzt? Willst Du noch mehr abnehmen? Luft hat nicht viel Kalorien. Was wiegst Du jetzt?" - Alles Fragen der „Gewichtsspezialisten", die mit kritischem Blick erschreckt feststellen, ich habe viel abgenommen, sei noch dünner als beim letzten Treffen und dass bald wohl gar nichts mehr von mir übrigbleiben werde.

Ich versuche dann zu erklären, dass ich eine Nahrungsumstellung auf reine Energie durchführe, keine Abmagerungskur. Sie sehen aber nur die (fehlende) Masse. Ihre eigenen Ängste treiben sie dazu, ein übertriebenes Bild auf mich zu projizieren. Sie registrieren nicht, dass ich eine andere Ausstrahlung habe, dass ich gesund und vital wirke, dass trotz Gewichtsreduktion das Gewebe ziemlich straff und frisch aussieht (überhaupt für mein Alter). Sie sehen nicht, dass ich jetzt eigentlich meinen „richtigen" Körper wieder bewohne und dass ich gar nicht so dünn bin, da ich sehr muskulös bin.

Dann gibt es diejenigen, die von vorneherein stur davon überzeugt sind, dass es so etwas wie Lichtnahrung nicht gebe und nicht geben könne. Passt einfach nicht in deren beschränktes, armseliges Weltbild. Sie wissen gar nichts von LNP, wollen auch nicht die weltweite Tradition des Pranismus entdecken oder erfahren, wie ein moderner wissenschaftlicher Mensch damit umgeht. Alles nicht nötig, denn man hat schon entschieden: Geht nicht, nicht möglich und darf nicht sein. Eine solche Einstellung hätte ich im 21. Jahrhundert in München nie für denkbar gehalten. Wahrscheinlich muss ich selbst meinen Vorstellungshorizont erweitern: doch es ist möglich, stur und ignorant zu sein und es bleiben zu wollen.

Zweifler dagegen unterstellen sofort dem Praniker, insgeheim zu essen oder bezichtigen ihn schlicht und einfach der Lüge. Sie glauben aber ohne Beweise, was ihnen die Politiker erzählen. Wie lustig.

Manch spirituelle Lehrer arbeiten zwar mit dem Licht, halten eine Ernährungsumstellung auf Licht jedoch für nicht machbar.

Bisweilen rät mir jemand, ich soll unbedingt Eiweiß zu mir nehmen, vielleicht auch Eisen. Solche Empfehlungen gibt es, abhängig von den Schwerpunkten, Kenntnissen und Prioritäten der jeweiligen Person. Im Rahmen der Lichtnahrung wird der Mensch als vollständiges Wesen betrachtet und nicht als eine Ansammlung von chemischen Substanzen, die ständig verändert, ergänzt, hinzugefügt oder ersetzt werden müssen.

Und zuletzt ist da die Familie, die sich überhaupt und grundsätzlich Sorgen macht und Angst um mich hat. Eine echte Plage für die Pranikerin. Kummer, Befürchtungen, schlechte bis katastrophale erdachte Szenarien unwiderruflicher Folgen sind keine Liebesbeweise, sondern ganz im Gegenteil, negative Projektionen, die die Energien beider Parteien lahmlegen und sie ihrer Kraft berauben. Energetisch hüllen sie den Rezipienten ein mit trüben Wolken aus neurotischen, schwächenden Emotionen. Unbegründete Ängste oder aus den Nichtwissen entstandene vage Sorgen lassen die Frequenz von, ich wiederhole, beiden Parteien nach unten stürzen:

derjenigen, die sich bekümmert sowie der anderen, auf die die schlechten Gefühle überschwappen. Es ist sehr wichtig, dass dieser Mechanismus verstanden wird, denn er findet nicht nur im persönlichen Bereich statt, sondern auch im größeren Maße, nämlich familiär, betrieblich, gesellschaftlich, national und planetarisch. Wir verbauen uns das Leben und auch die gegenseitige Entwicklung durch Schwarzmalerei, nagende Ängstlichkeit und unterschwellige Unsicherheit. Das gilt für uns, unser Privatfeld und für das Kollektivum, für die ganze Menschheit.

Hören Sie auf, unreflektiert nachzuplappern, öffnen Sie die Augen (anstatt den Kopf in den Sand zu stecken oder zu hoffen, dass jemand anders die Lösung bringt) und beginnen Sie damit, Ihren eigenen Schlamassel aufzuräumen. Dann werden Sie auch anderen Mutigen begegnen, die die Ärmel hochkrempeln, um etwas an dem Status quo grundsätzlich und gänzlich zu ändern. Jede/r wie sie/er es kann.

Jeder auf seine ganz eigene Art und Weise. Ist doch besser als halb hypnotisiert vor der Glotze zu hocken und sich Sorgen zu machen, nicht wahr? Dafür sind Sie inkarniert: um teilzunehmen an dem großen RE-NEW-ALL (Alles wieder Neu, Spruch von Vicky Wall).

Noch ein Wort zur Angst: Die Angst ist die einzige Emotion, die das Licht bremst und die Lichtaufnahme verringert.

Zusätzlich wirkt diese Angst-Kummer-Besorgnis-Konstellation wie ein latentes Erpressungsmanöver: Du machst etwas anderes als alle anderen. Das ist gefährlich. Deshalb mache ich mir Sorgen. Du willst doch nicht, dass es mir schlecht geht und dass ich mir Sorgen um dich mache, oder? Meine Antwort lautet: Übernimm Du Verantwortung für deine Gefühle, anstatt sie bei mir abzuladen, denn bei mir erwartet dich kein Mitleid.

Es ist so viel bereichernder, im richtigen Moment unterstützend, liebend, respektvoll, hilfsbereit, präsent und aktiv zu sein. Am besten, wenn man Sie fragt und darum bittet. Bitte respektieren sie, dass die Person weiß, was sie tut, dass sie von ihrer höheren Weisheit, inneren Führung, göttlichen Fügung, Vernunft, Einsicht und Intelligenz geführt und geleitet wird. Üben Sie Vertrauen und bitte respektieren Sie den freien Willen Ihres Gegenübers. Sie können ihn mit Licht, Liebe und Zuversicht stärken und helfen und mit Ihrer Zuneigung und Achtung umhüllen. Das erhöht Ihre Frequenz sowie die des anderen. Und die Schwingung der ganzen Welt.

Wenn man etwas nicht weiß oder etwas für einen unverständlich ist, kann man sich informieren. Man kann Fragen stellen. Oder will man den Eindruck vermitteln, alles zu wissen und lieber Dummes nachplappern? Das kann ziemlich ignorant und lächerlich ankommen. Bitte ersparen Sie sich und den anderen ungefragte Meinungen, unaufgeforderte Ratschläge, Besserwisserei, Nachplappern und weitere atmosphärische Verschmutzungen.

Ich behandle dieses Thema so ausführlich, weil die übergriffigen Einstellungen nicht nur Praniker und Lichtnahrung betreffen. Sich unaufgefordert einzumischen und die anderen ändern zu wollen, scheint so verbreitet, dass daraus Kriege entstehen. Es gibt immer eine/n, die/der meint, etwas besser zu wissen und den Mitmenschen irgendetwas aufoktroyieren zu müssen. Natürlich immer gut gemeint!

Das systemische Modell werde ich noch mit einbeziehen, besonders im Rahmen der Familie. Sie wird als Organismus betrachtet, der insgesamt ein Gleichgewicht anstrebt, wobei jedes Mitglied eine bestimmte Rolle übernimmt. Aus dieser Betrachtungsweise werden meine Begeisterung und Experimentierfreude durch Besorgnis ausbalanciert. Da ich mich nicht als Opfer innerhalb eines Systems fühle, sondern als ein selbstverantwortliches Individuum, schalte ich die ängstliche Bremserei gleich aus, indem ich meine Zeit nicht verschwende und meine Erfahrung nur noch mit Leuten teile, mit denen ich einen bereichernden Austausch haben kann. Ich brauche niemanden zu überzeugen.

Teilen wir doch das Beste, das wir zu geben haben, mit unseren Mitmenschen und der Welt. Lassen wir endlich die Anderen anders sein, diejenige Kleidung, die sie wollen, sich einander lieben, wie sie wollen, den Gott oder die Kraft ehren, der/die sie erfüllt. So ist das Leben gemeint: als eine unendliche Fülle an vielseitigem Ausdruck des Einen Lichtes. Das Lebendige ist der Gegensatz zum Klon oder zum ferngesteuerten Roboter aus dem Labor.

Während des Prozesses, als ich schnell an Gewicht abgenommen habe, habe ich innerhalb von zehn Minuten zwei entgegengesetzte Meinungen gehört. Entweder: „Oh je, man sieht dich ja gar nicht mehr! Du bist so dünn geworden!“ oder “Du siehst so gut aus, verjüngt und leicht. So lichtvoll!“

Wer hat recht? Wer projiziert was? Ich verrate Ihnen ein Geheimnis: ich bin eine Magierin: Manchmal sehe ich so, manchmal so aus. Formshaping oder shapeshifter genannt. Gestalt geben und verändern. Welche Version stimmt, das können Sie selber entscheiden.

Nachdem ich die Lichtnahrung nun schon seit Monaten integriert habe, werde ich bisweilen gefragt, ob ich bald fertig mit meinem Prozess bin oder wie lange ich das noch so beibehalten werde. Ich erkläre, dass der Prana Installationsprozess 21 Tage dauert. Ich bin aber nun seit vielen Monaten pranisch. Daraufhin fällt manchem Frager den Unterkiefer runter und ein leichter Schockzustand schüttelt die Person durch, bis sie mich anschaut und sagt: “Naja, Du lebst noch und ... Du siehst gut aus.“

Was findet da statt? Zuerst besagt das alte Denken: Nein, man kann nicht so lange leben, arbeiten, Bergwandern, ohne zu essen. Das geht nicht, das ist unmöglich. Doch dann betrachtet sie mich mit anderen Augen – im Hier und Jetzt. Der überholte Glaubenssatz wird durch die aktuelle Beobachtung revidiert: Doch, sie lebt. Doch, sie sieht gesund aus. Die neue Erkenntnis lautet: Es ist also möglich.

Es erweitert die Bandbreite der menschlichen Möglichkeiten und wird im allgemeinen Bewusstsein registriert.

Zu erwähnen sind noch die wenigen Mitmenschen, die überhaupt kein Wort über die Veränderungen in meinem Aussehen oder über mein Essverhalten verlieren. Manche sind verunsichert, andere wiederum haben kein Interesse an dem Thema, wissen nichts darüber und betrachten meinen Prozess als meine persönliche Sache. Völlig gleichgültig sind sie nicht unbedingt. Eine dieser Bekannten hat gemeint, sie würde mein Buch lesen. Da sie nichts über Lichtnahrung weiß, äußert sie sich eben nicht dazu. Eine respektable und weise Entscheidung.

Ein letztes Geheimnis unter vier Augen: Mit der Lichtnahrung geht es um andere Paradigmen, nicht einmal um Neue, denn die pranische Ernährungsart ist definitiv keine Neuigkeit und auch keine Modeerscheinung. Sie ist eine grundsätzliche Transformation des Bewusstseins, die sich naturgemäß bis in die Zellen, bis ins Verhalten im Alltag ausdrückt und gelebt wird.

Nun betrachten wir, was Reaktionen aus dem Umfeld bewirken und wie sie sich unter Umständen auf die pranische Person auswirken können.

9. Umpolung des negativen Umfeldes

Negativität im Rahmen meiner Umwandlung auf Licht definiere ich als die mentalen und emotionalen Ausdrücke, die meine Frequenz hinunterziehen oder irgendwie beeinträchtigen. Diese sind entweder innerer oder äußerer Herkunft, das heißt fremd oder eigen oder eine Mischung aus beiden wie zum Beispiel verinnerlichte familiäre oder gesellschaftliche Denkweisen.

Entscheidend ist für mich die Art und Weise, wie ich mit diesen Bremsen, Blockaden und Ähnlichem umgehe und was ich schlussendlich daraus mache. Wichtig ist das Motto: Kenne dich selbst, vor allem in Bezug auf extreme Neigungen.

Bisweilen können Zweifel oder Schwankungen eine Möglichkeit sein, das Vorhaben aus einer anderen Perspektive zu betrachten. Vor- und Nachteile abzuwägen, Teilaspekte zu hinterfragen und zu revidieren und neue Schlüsse zu ziehen.

Die seltenen Zweifel und Schwankungen, die während meines LNP auftauchen, nehme ich nur teilweise ernst. Ich betrachte sie mit Abstand und lasse mich nicht von ihnen überwältigen. Im Gegenteil, ich drehe sie um und mache aus ihrem negativen Einfluss eine Quelle der vielseitigen Inspiration und der Stärkung. Nachdem ich ihre Gültigkeit überprüft habe (inwiefern ist ihre Botschaft sinnvoll?) entscheide ich, sie entweder auszuschalten oder sie als Bestätigung für mein Vorgehen zu nutzen.

Eine gründliche klare Entscheidungskraft ist natürlich grundsätzlich empfehlenswert. So gibt es wenig Platz für Zweifel, die den Menschen in einem inneren Konflikt verharren lassen. Entzweit und zögernd tritt er voran, ohne Gewahrsein von seiner wahren Essenz. Auf der Erde herrscht Polarität: Alles hat zwei Seiten, es ist klug und weise, sie abzuwägen. Wenn wir in einem schwachen und gehemmten Zustand verweilen, ist es leicht den Zweifeln, der Entzweiung und den inneren Konflikten zu verfallen, anstatt die eigene authentische Kraft im eigenen Leben und in der Welt zu verwirklichen. Sonst fährt man mit angezogener Bremse und man macht gerne Kompromisse. Anstatt zu wissen, was für einen richtig und stimmig ist und den eigenen Weg zu gehen.

Zweifel ist die eine, Angst die andere Seite der negativ-gestimmten Medaille. Dazu gehören die animalischen, persönlichen, unbewussten, kollektiven und kulturellen Ängste. Sie bilden eine breite Palette an Konditionierungen, die sich gegenseitig aufhetzen vor lauter alten Programmierungen durch Hungersnot und Lebensmittelknappheit sowie durch weitere Einschränkungen und Kontingente, die alles immer wieder rar erscheinen lassen. Man kämpft um alles: Wohnung, Arbeitsplatz, Nahrungsmittel, Luft, Wasser usw.

Ein alter Trick, der weiterhin wirkt, um die Erdbewohner gegeneinander aufzuwiegeln. Ein alter Trick, der jedes Mal funktioniert, während einige sich alles unter die Nägel reißen. Und die anderen machen mit, obwohl sie in der Mehrzahl sind. Sich davon auszuklinken, ist das Wenigste, was man machen kann.

Meine unbewussten Ängste haben sich möglicherweise durch die andauernde Gewichtsabnahme entwickelt. Ich habe die Glaubensätze, die hinter der Angst sitzen, untersucht. Das von meiner Mutter im Krieg erlebte Elend und der Nahrungsmangel, sind in meinen Zellen auffindbar. Gelegentlich hat sie davon erzählt. Sie hat mich stark unter Druck gesetzt, damit ich immer genug esse, den Teller leer esse usw. Darüber hinaus kann ich energetisch feststellen, dass die emotionelle Last meiner Mutter auf meine Schwestern übertragen wird. Anders ausgedrückt: es besteht eine starke Resonanz damit in meinen Schwestern, wobei die Muster unbewusst aufgegriffen und zum Ausdruck kommen. Das führt sie dazu, Bange um mich zu haben.

Ein paar Monate nach der Prana Installation habe ich entschieden, das Thema Gewicht abzuschließen, solange ich mich wohl fühle und vor allem meinen eigenen Rhythmus zu finden und dann zu folgen.

Mit diesem Entschluss habe ich mich sowohl vom Mitleid anderer distanziert als auch von ihren unbegründeten und hinterziehenden Lamentationen. Diese angeblich so gut gemeinten Projektionen üben eine nagende schwächende Wirkung auf das Energiefeld des Pranikers aus. Generell vermindern Sorge und Kummer um jemanden die Schwingung von beiden Parteien. Sie umhüllen sie mit einer leicht undurchsichtigen Wolke, die porös und ein wenig „zitternd" aussieht.

Zur Wirkung der negativen Einstellung auf die Zellen: eine schwere Frequenz umrahmt die Zelle mit einem trüben, dunklen Rand. Ängstliche Gedankenformen hinterlassen graue Wolken in der Aura, die durch die große Umstellung dazu neigt, durchlässig zu sein. Geistige und energetische Verzerrungen schmerzen mich in der Seele. Schlussendlich verwende ich sie als Brennstoff, denn ich verfüge über einen besonderen Mechanismus: Je mehr man mich von einem Vorhaben abbringen will, desto entschlossener und hartnäckiger werde ich. So verfahre ich seit 60 Jahren. Sie können sich vorstellen, dass ich ziemlich gut darin geworden bin.

Die Wolke von Zweifeln und Angst verbraucht Kraft und raubt Mut, Entscheidungskraft und Willen. Sie erschwert den Weg und bremst die Beständigkeit durch Zögern, Nicht-Wissen und innere Leere. Im Gegenteil dazu verleihen Zuversicht und Optimismus Antrieb und Schwung, Sicherheit und Selbstwert. Dem gegenüber zu vertrauen, impliziert, dass man sie/ihn für voll nimmt, ihr/ihm einen Vorschuss an positiven Eigenschaften, Fähigkeiten und Weisheit zukommen lässt, die zu erfolgreichen Ergebnissen führen werden. Wir sind auf aufbauende Ansichten fokussiert. Dieser Vorschuss hilft der Person, sich umso besser mit ihrem Höheren Selbst zu verbinden, ihre eigene Unterscheidungsfähigkeit walten zu lassen und Selbstverantwortung auszuüben. Wie fühlen Sie sich, wenn man Sie für unfähig und unzuverlässig hält? Stellen Sie sich vor, Sie sind besonders durchlässig und telepathisch. Und Gedanken sowie Gefühle aus Ihrer Umgebung dringen in Ihre Aura und in Ihren Körper wie schmerzhafte Pfeile und andere Projektile. Gedankenformen mit ihren begleitenden Emotionen besitzen Form, Frequenz, Farbe und Rhythmus. Sie haben eine Wirkung wie die Worte, die sie zum Ausdruck bringen. Imaginieren Sie nun bitte, dass Ihre Aura sehr offen ist, dass sie sehr empfänglich, durchlässig und telepathisch sind. Sie befinden sich in einer Metamorphose, in der Ihre alten Anhaltspunkte nicht mehr gelten und in der Sie noch neue verankern müssen. Sie nehmen wahr, dass Ihr Umfeld Ihnen nicht vertraut, Sie nicht versteht und Ihnen automatisch mit ängstlichen und unsicheren Blicken begegnet. Nein, bei weitem nicht alle, sondern Menschen, die Ihnen nahestehen und Ihnen wichtig sind. Das tut weh. Klar kann man dies ignorieren und mit der Zeit wird man nur noch mit wenigen kommunizieren. Ich kenne einige Praniker, die sich isolieren, um den dummen Gesprächen und Bemerkungen aus dem Weg zu gehen. Es gibt eine goldene Regel: Verschwenden Sie nie Zeit mit Besserwissern, die keine Ahnung und keine Erfahrung mit der Lichtnahrung haben, aber irgendwie argumentieren wollen. Es gibt niemanden zu überzeugen. Nichts zu beweisen. Sie haben recht. Punkt. Es gilt einen bestimmten spirituellen Pfad zu verfolgen.

Nämlich den Eigenen. Auf eine ganz individuelle Weise. Und dafür die Verantwortung zu übernehmen – zu hundert Prozent.

Ein anderes Ziel dieser Auseinandersetzung mit erschwerenden Gedanken und Emotionen ist das Gewahrsein der menschlichen Einflüsse auf die Umwelt bezüglich deren emotionalen und mentalen Inhalten. Das ist nämlich eine der wichtigsten Umweltverschmutzungen. Die Vernachlässigung sowie die unbewusste Lenkung der menschlichen mentalen Dimension ist alarmierend. Ich frage mich, wo die Intelligenz des modernen Menschen bleibt, wenn sie zu Nachplappern, unlogischen Schlussfolgerungen, kollektiven Glaubensätzen, allgemein eingetrichtertes Wissen über veraltete und überholte Denkmuster, formatierten Angst-Szenarien reduziert ist. Vielleicht hat die größte Krise unserer Zeiten mit dem Bewusstsein zu tun. Nein, das ist kein zusätzliches Problem. Es ist das Einzige.

An dieser Stelle möchte ich mich herzlich bei allen Menschen fern und nah bedanken, die mich positiv begleiten. Von denjenigen, die mit Lichtnahrung nichts anfangen können, mir aber ihr Vertrauen weiterhin schenken, bis zu den Freunden und Unbekannten, die sich bemühen, den LNP zu verstehen und mich intelligent und respektvoll in meiner Entwicklung unterstützen. Mein besonderer Dank gilt Karin für ihren wertvollen und tatkräftigen Beistand.

10. Was ist Lichtnahrung?

Es ist lichtvolle Nahrung, nährendes Licht aus dem Licht, das einen am ewigen Leben hält, als Teil des unendlichen Lichtes – woraus wir alle, woraus alles besteht.

Es gibt eine unsichtbare und eine sichtbare Welt. Letztere entsteht aus der ersten. Die materielle Welt badet in einem kosmischen Ozean aus Äther und Licht. Es ist schon einige Jahrzehnte her, dass durch Max Planck, Albert Einstein und die neue Physik die Quanten sowie die Lichtstrahlung und die Lichtquanten beschrieben und definiert worden sind. Wir denken immer noch wie im 18.

Jahrhundert: Zwischen den Gegenständen ist Luft, sonst nichts. Es ist, als ob wir kollektiv, die neuen Entdeckungen noch nicht mitgekriegt und integriert hätten. Was die Physik betrifft, bin ich eine Null, aber ich nehme das Licht der Metaphysik wahr.

Zuerst ein paar vereinfachte Begriffe aus der Physik:

Der Aither mit seinen zwei Polaren Komponenten Äther und Either – meistens als Äther identifiziert - ist das tragende Medium für die Ausbreitung des Lichtes im Kosmos, den ganzen Raum durchdringend. Zusammen mit dem Licht ist es die grundlegende Substanz, aus der alles andere hervorgeht. Sogar Einstein hat seine Sicht der Dinge im Laufe seiner Karriere revidiert und den Äther, den die Alt-Griechen erkannt und benannt hatten, rehabilitiert.

Das bildet den Urstoff, die Weltseele, das Grundelement allen Lebens. Es ist in ständiger Bewegung und im Fluss. Wirbelt, pulsiert und rotiert.

Wissenschaftlich ist das Licht untersucht worden als sichtbare und unsichtbare Strahlung innerhalb des Farbspektrums und des Wellenbereichs von kosmischer Höhenstrahlung bis zu extremen Frequenzen. Es reicht von extremer UV-Strahlung von 10 hoch 24 Hz bis zu extrem feinerem Infrarot (0,1 bis 30 Hz) und tritt auf in einer riesigen Bandbreite, von der nur eine sehr geringe Anzahl von Menschen wahrgenommen werden kann.

Prof. Dr. Fritz-Albert Popp hat spezielle Geräte für die Erforschung und Messung von Licht herstellen lassen. Das hat ihm eine Zeitlang seine Professur gekostet, weil man nicht nur auf der Straße wie im 18. Jahrhundert oder noch früher denkt, sondern auch in den Physiklaboren.

Bioplasma, Biophotonen und das Licht der Zellen werden auch von Forschern in Russland und Japan untersucht. Bereits früher wurde durch die Forschung des Freiherrn von Reichenbach das sogenannte Od von den Hellsichtigen im Dunkel beschrieben. Wilhelm Reich mit dem Orgon und Heliod hat sich durch die Anwendungen der Lebenskraft mit der Thematik tiefgründig und vielseitig auseinandergesetzt.

Ein Student der Werke von Carl Huter (berühmter deutscher Physiognom) sagte mir einmal auf der Straße in Zürich: “Oh Sie haben viel Helioda“ dann war er gleich weg. Danach machte ich mich auf die Suche nach dem Licht in mir und in den unterschiedlichsten Büchern und Studien.

Die Kirlian-Methode misst die Strahlkraft der Ätheraura und somit den Zustand der Lebenskraft des Menschen und hilft ihm, seine Gesundheit wieder herzustellen.

Der innere Aspekt des Lichtes wird in der metaphysischen und religiösen Literatur reichlich erwähnt. Das ist das Licht der Welt, Lumen auf Latein, die Essenz, das immaterielle Licht des Bewusstseins, sowie das individuelle Bewusstsein, das in Verbindung mit der inneren Lichtquelle und Persönlichkeitsläuterung steht.

Es besteht eine telepathische Beeinflussung des Bioplasmas durch die Gedanken. Die Gedankenkraft prägt nicht nur das Wasser, sondern die Flüssigkeiten innerhalb des physischen Körpers. Wiederum findet man Lichtwässer in unterschiedlichen Naturquellen der Welt – öfter in Zusammenhang mit Marienerscheinungen sowie an Kraftorten, wie sie von Frau Dr. Enza Ciccolo erforscht und entwickelt wurden.

Lichtwasser ist Nahrung. Es besitzt alle Frequenzen, die ebenso in Sonnenlicht vorhanden sind. Sonnenwasser und Mondwasser können leicht hergestellt werden. Die Sonnenglobuli nach Jacob Lorber habe ich auch eine Zeitlang aufgeladen.

Nun kehre ich zurück zum mystischen Begriff des Lichtes. Dabei denke ich an das Licht des Sufismus und an Mazda, den Lichtbringer, den Gegenpol zur Dunkelheit im Zoroastrismus.

Das Licht besitzt unendliche Aspekte, ist aber eine Einheit in sich. Deshalb sind wir Teil der Einheit und grundsätzlich eins mit dem Ganzen und miteinander. Wir sind alle Geschwister.

Parallel zu meiner pragmatischen Erfahrung mit der pranischen Nahrung interessiere ich mich für die theoretischen Erklärungen und betrachte die energetischen und feinstofflichen Aspekte während der Metamorphose der Chakren und der Aura. Jedoch würde ich meine Beobachtungen nicht für allgemeingültig halten, denn ich bin zu dem Schluss gekommen, dass es unterschiedliche pranische Zustände gibt und dass Lichtnahrung nicht darauf reduzierbar ist, Chakren zu öffnen und zu messen, Hypophysen und Epiphysen zu aktivieren oder irgendwie zu beeinflussen. Es gibt keinen exakten Fahrplan, der für jeden gleichermaßen anwendbar wäre. Ein ähnliches Missverständnis besteht bei der Homöopathie in den Händen von allopathisch-denkenden Menschen: ein Mittel dafür, ein Mittel dagegen. Dadurch schränkt man seinen Blick ein und reduziert alles zu einem schematischen Modell. So wurde die Homöopathie nie konzipiert, sondern in Bezug auf den individuellen gesamten Menschen, der damit behandelt wird.

Es geht um das reine Licht, die reine Liebe, die Essenz der Schöpfung, den Lichtfunken, der alles Lebendige als Lebenskraft bewohnt. Die Quantenforschung konnte vieles beweisen und immer öfters wird die Mystik von der Wissenschaft bestätigt. Alles Lebendige besteht aus Licht, das die unterschiedlichen Strukturen informiert, folgerichtig also auch die menschlichen Körper.

Der russische Arzt und Biophysiker Alexander Gurwitsch hat sich schon in den 20er Jahren des vorigen Jahrhunderts mit interzellulären Informationswechselwirkungen auseinandergesetzt. Ultraschwache Zellstrahlung ist in allen pflanzlichen, tierischen und menschlichen Geweben nachweisbar. Die Forschung des Biophysikers Prof. Dr. Popp hat herausgefunden, dass Biophotonen masselose Lichtquanten mit ultraschwacher Zellstrahlung sind. In ständigem Rhythmus strahlt das Licht in den Zellen bis zum Tag des Ablebens, an dem es erlischt, wenn der Ätherkörper sich desintegriert, wie Jacob Lorber, der große Mystiker, den Prozess beschrieben hat. Im lebendigen Zustand bildet es die erste Emanation der Aura, die wahrgenommen wird, die unmittelbar aus dem Körper von vitalen Menschen strahlt und manchmal „Gesundheitsaura“ genannt wird.

Ich könnte ab sofort behaupten, dass ich mich von Biophotonen ernähre. Es würde wesentlich wissenschaftlicher und nicht so exotisch wie „Prana“ klingen.

Diese kleine Abhandlung möchte ich um das Wissen von Dr. Diethard Stelzl ergänzen. Er berichtet, dass die Zirbeldrüse Farbrezeptoren und eine Linse beinhaltet. Durch sie werden Lichtstrahlen an die Körperzellen weitergeleitet. Prana setzt er gleich mit Lebensenergie.

Womit ernähre ich mich also? Aus allem und vielem mehr, aus dem einzigen Stoff, den es gibt, nämlich Licht, das sich in unendlichen Varianten ausdrückt und das Lebendige zum Lebendigen macht. Das ist eigentlich Bewusstsein. Und davon ernähre ich mich, auch wenn das Sonnenlicht scheint. Dieses Anzapfen des Lichtes erfolgt durch alle Chakren, aber auch durch die Schönheit, das Gute, die Liebe, die Stimmigkeit, die Freude, durch das Üben mit den Phosphenen sowie mit intellektueller Arbeit und sogar körperlicher Tätigkeit. Vor allem jedoch durch die Ausrichtung des Gewahrseins und der Absicht.

Weshalb so eine lange Beschreibung über das Licht? Weil die meisten keine Ahnung davon haben und auch keinen Begriff von Licht besitzen. Deshalb erschrickt die Mehrheit der Leute, wenn ich sage: Ich ernähre mich von Licht. Sie denken, dass ich Luft oder gar das Licht schlucke. Das Ergebnis ist ein großes Missverständnis.

Das Licht enthält alles. Alles, was Menschen und alle Wesen brauchen. Jeder Mensch nimmt Lichtnahrung auf. Auch das ist wissenschaftlich belegt. Natürlich enthalten biodynamische, lebendige, rohe Lebensmittel mehr Licht als totes, raffiniertes Essen. Der Mensch wird durch die Lichtnahrung am Leben gehalten und nicht durch die Kalorien, haben Forscher festgestellt, die den Lichtanteil in den Lebensmitteln gemessen haben.

Licht wird auch Prana genannt, daher Pranismus und Praniker.

Eine kleine Übung für Sie: Um Prana auf sichtbare Weise zu erfahren, können Sie bei einem hellen sonnigen Tag die Lichtpartikeln sehen, indem Sie Ihren Blick leicht verstellen und „unscharf“ in die

Ferne schauen. Bald erscheinen die durchsichtigen Kügelchen, die sich voller Leben und Kraft in der Luft bewegen. Das ist Teil der Energie, die das Leben im Lebendigen erzeugt, fördert und aufrechterhält. Nicht Fremdes, Esoterisches oder Beängstigendes. Einfach Lebendigkeit. Aber es scheint, als ob der moderne Mensch Angst davor hätte.

Das innere Licht können Sie in Ihrem Organismus durch die Betrachtung von Phosphenen fördern. Das Wort Phosphen stammt aus dem Griechischen: „phos" für „Licht" und „phainein" für „sich zeigen, erscheinen". Das sind innere Lichterscheinungen, die hellsichtige Menschen wahrnehmen. Darüber hinaus können sie dadurch hervorgerufen werden, dass eine Lichtquelle kurz fixiert wird, wobei die Augen sofort danach geschlossen werden. Diese inneren Lichter aktivieren die Zirbeldrüse. Erinnern Sie sich daran, was wir über die Zirbeldrüse geschrieben haben?

Noch ein Lichtorgan besitzen wir, nämlich die Milz, die lange als überflüssig und unnütz galt! Wirklich keine Ahnung von Licht, diese Gesellschaft! Die Milz ist immer noch ein rätselhaftes und mystisches Organ. Nicht ohne Grund hat sie Charles Leadbeater als Chakra Zentrum übernommen, denn sie ist ein Indikator für Lebenswillen und Freude, für Antrieb und Vitalität. Bei feinstofflichen Messungen darf sie nicht fehlen. Im unteraktiven Zustand entstehen Depression, Antrieblosigkeit, Herzrhythmusstörungen usw.

Der Lichtanteil von Lebensmitteln kann in Bovis Einheiten gemessen werden. Dieses Messsystem wurde von dem Ingenieur Alfred Bovis als relative Messgröße entworfen, als ein abstrakter, willkürlicher Maßstab, um die Frequenz von Kraftorten, die Intensität von Lichtenergien und den Grad der Lebenskraft festzustellen. Die Bovis-Einheiten sind eine geschätzte Messlatte unter Radiästheten. Alle Menschen, Tiere und Pflanzen ernähren sich zumindest teilweise von Licht. Die Anzahl an Bovis-Einheiten eines naturbelassenen Honigs beträgt BE 11.000 und enthält 100% Lichtanteile. Daher ist ein guter Honig eine adäquate Lichtquelle für Praniker, die gelegentlich Nahrung brauchen, etwas bei großem Gewichtsverlust, starker

Abkühlung oder Schwäche. Er produziert fast keine Ausscheidung, beeinflusst die Schlafdauer nur wenig und verbraucht kaum Verdauungsenergie.

Durch diese Abhandlung dürfte es ersichtlich geworden sein, dass es sich bei dem LNP um eine Umstellung von grobstofflicher auf feinstoffliche Nahrung handelt, vergleichbar der Umstellung einer carnivoren Ernährungsweise auf eine fleischlose, oder von vegetarisch auf vegan oder von einer herkömmlichen Ernährung mit Brot und Nudeln auf eine glutenfreie Diät. Fazit ist, dass ich als Pranikerin mich immer noch von etwas ernähre, nämlich von Licht. Im Gegensatz zu einer Person, die auf materielle Nahrung verzichtet und keinen Ersatz dafür zu sich nimmt, wie es bei Magersucht oder Hungerstreik der Fall ist.

Haben Sie für sich den Unterschied zwischen Lichtnahrung und Fasten herausgefunden? Entschuldigung, dass ich Sie so lange habe warten lassen!

Auch beim Fasten wird auf einen großen Teil der Nahrung für eine begrenzte Zeit verzichtet, ohne Ersatz. Der Körper bekommt keine Zufuhr an Vitalstoffen, damit er in Ruhe entgiften kann. Bei der Lichtnahrung erhält er eine subtile pranische Substanz, die in der Aura, im Besonderen im Ätherkörper oder Pranakörper sowie in den Zellen installiert wird. Daher die Umstellung, die 21 Tage dauert.

Ist die Installation gelungen, wird man sich wohl fühlen, weniger Schlaf brauchen und einige psychologische, energetische und spirituelle Veränderungen bei sich beobachten können. Das Licht enthält alles, was uns ausmacht. Es geht hier nicht um einen Mangel oder gar einen Verzicht, denn die neu gelieferte Substanz ist zwar feinstofflicher Natur, aber grundsätzlich ein reichhaltiger und vollkommener Ersatz – für halb tote Nahrung mit niedrigem BE-Wert und wenigen Lichtanteilen. Leere Kalorien sind eine Belastung für den physischen Körper. Leben spendendes und erhaltendes Licht ist für das lebendige System nicht nur wertvoll, sondern es ist Leben selbst.

Anfänglich fiel es sogar mir schwer, Lichtnahrung und Fasten zu differenzieren, denn auf den ersten Blick gibt es Parallelen zwischen den beiden. Es ist sehr ratsam, Erfahrungen mit kurzen und längeren Fastenzeiten gemacht zu haben, bevor man den Lichtnahrungsprozess startet, da in der Umstellungsphase ähnliche körperliche Reaktionen wie beim Fasten auftreten können.

Jeder Mensch ist anders belastet, sprich vergiftet, weshalb jeder Körper individuell auf die Entschlackung/Entgiftung reagiert. Auch die persönliche Toleranz für den Umgang mit Unbehagen und die Schmerzgrenze unterscheidet sich von Mensch zu Mensch. Sogar bei Personen, die bereits mehrfach gefastet haben, verläuft keine Fastenkur identisch. Allerdings wird dann ein bestimmtes Wissen aus gemachten Erfahrungen mit in den Lichtprozess eingebracht. Und so wird manche Reaktion als „normal" oder gar positiv trotz unangenehmem Empfinden eingeordnet.

Obwohl beide Verfahren Gemeinsamkeiten aufweisen, besteht ein wesentlicher Unterschied zwischen Fasten und der Lichtnahrung. Beim ersten verzichte ich auf Nahrung, ohne etwas zu ersetzen. Ich lebe also von den vorhandenen Reserven des Körpers. Beim LNP wird die feste Nahrung durch feinstoffliche substituiert. Die Verbindung zum Prana und die Aufnahmefähigkeit werden trainiert. Oder anders betrachtet, es wird das vorhandene Licht der Zellen und der Aura aktiviert, so dass eine zunehmende Resonanz mit der unendlichen Lichtquelle in Gang gesetzt wird.

Fazit: Man kann nicht dauerhaft fasten, weil die Ressourcen des Leibes irgendwann zur Neige gehen. Hingegen ist die Anbindung zum Licht unerschöpflich und man kann sich definitiv auf Lichtnahrung umstellen. Diese Nahrung, insofern die richtige Umstellung stattfindet, das heißt eine dauerhafte energetische Metamorphose stattgefunden hat, bringt einen näher an die Unendlichkeit und Ewigkeit der Quelle.

Und nein, Frau Dr der Chemie, ich muss nicht unter der Lampe sitzen, um mich zu ernähren. Es ist hier die Rede vom Licht der Welt. Ich nehme es auf durch die feinstoffliche Anatomie meiner Aura-

Schichten, vor allem durch den Pranakörper (aber nicht ausschließlich), durch meine Chakren und die anderen Energiezentren, durch die Zellen und Atome meines physischen Körpers. Ich nehme es auf durch die Liebe, die Kraft und den Willen des Kosmos und meiner Mitmenschen sowie aller anderen Wesen, sichtbar und unsichtbar, mit denen ich dieses Leben teile, durch die Schönheit und die Güte und die Strahlkraft dieser Welt und der anderen Dimensionen, mit denen ich verbunden bin. Genauso wie Sie das auch tun.... nur ein wenig konsequenter und intensiver.

11. Auswirkung von Prana

Auf der physischen Ebene habe ich die Beweglichkeit meiner Jugend wiedergefunden. Vor dem Prozess ging es mir körperlich schon sehr gut. Das allgemeine Wohlbefinden und meine Vitalität haben sich durch die Lichtnahrung noch gesteigert. Mein Gang ist schnell und dynamisch. Besonders früh morgens laufe ich stundenlang am Fluss Isar entlang. Mehrmals habe ich große Bergwanderungen in Bayern, in der Schweiz und in den französischen Alpen unternommen. Schmerzunempfindlichkeit hat sich während der Umstellung eingestellt und ist auch geblieben. Diese Veränderung ist für mich erstaunlich und unerwartet. Schon von Jugend an bin ich von den Berichten über die Katharer fasziniert, die auf dem Scheiterhaufen kaum Unbehagen gezeigt haben. Ich weiß von manchen meiner Inkarnationen als Katharer. Ich vermute einen Zusammenhang zwischen dem erhöhten Licht in den Zellen und der Verringerung des Schmerzpegels. Das müsste ich aber tiefer erforschen. Ich verfüge über große körperliche Kraft und gute Widerstandsfähigkeit. Über die Qualität und Dauer des Schlafes und die Verbesserung des Hautbildes habe ich mehrfach berichtet.

Meine Sinne sind geschärft und bieten mir eine große Vielzahl an Nuancen hinsichtlich Genuss und Differenziertheit von Geschmack, Düften und Gerüchen, Farben, Klängen und Lichtintensität. Ich habe von Hedonismus gesprochen: Meine Umgebung entpuppt sich als eine Quelle sinnlicher Erlebnisse, die mich immer mehr begeistern. Die Lust am Leben, die Freude an harmonischen Farben, Formen,

Menschen, Räumen, Landschaften usw. erfüllen mich mit großem Vergnügen.

Die Umstellung auf Prana Nahrung bietet mir eine klare Befreiung von den Zwängen des Alltags, die ich schon in den letzten Jahren weitgehend reduziert hatte. Dafür habe ich einen strengen spirituellen und beruflichen Ablauf, der aber selbst-gewählt und sinnvoll für meine Verhältnisse ist. Ich bin genauer, gründlicher und ordentlicher geworden. Hoffentlich nicht pedantisch. Erstaunlicherweise bin ich ebenso praktischer geworden und kann einiges reparieren, wofür ich vorher zwei linke Hände hatte. Offen gestanden sind einige dieser Methoden sehr ungewöhnlich und Handwerker würden ein Lachanfall bekommen, aber es funktioniert! Ich habe einen besseren Zugang zur Materie. Sie scheint sich zu fügen und mich zu inspirieren, wo wir früher Machtkämpfe hatten, und ich unweigerlich die Verliererin war.

Diplomatie war nie meine Stärke. Meine diplomatischen Fähigkeiten sind noch weiter geschrumpft. Ich beabsichtige nicht die Menschen zu verletzen, aber ich möchte Dinge beim Namen nennen. Ich verfüge über mehr intellektuelle Klarheit und Präzision, kann vieles besser durchschauen und einordnen, besonders Motivationen, inklusive meiner eigenen. Ich kann ein größeres Arbeitspensum mit Ausdauer und mit hoher Konzentration erledigen.

Je weniger Kontrolle ich ausübe, desto besser fügen sich die einzelnen Puzzlestücke zusammen. Das innere Sehen und die Führung bilden eine prägnante Intuition. Immer wieder erlebe ich ekstatische Augenblicke, unabhängig von äußerlichen Geschehnissen.

12. Lichtnahrung in der Öffentlichkeit

Diejenigen, die es sich zur Aufgabe gemacht haben, die Lichtnahrung in der Öffentlichkeit bekannt zu machen, um einen Betrag zur Ganzheit und Fortschritte zu fördern, sahen sich teilweise großer Ablehnung und Anfeindung ausgesetzt.

Jasmuheen, die große, unermüdliche Pionierin, die die Welt bereist und aus der Lichtnahrungsoption Hilfsprojekte gegen Hunger durchführt und mit den UN in Verbindung steht, ist eine bewundernswerte Frau der ersten Stunde in den 90er Jahren. Natürlich wurde sie zur Projektionsfläche für Dummheit, Engstirnigkeit und Ignoranz. Aber sie hat den Stoff, den es braucht, um diese Aufgabe zu erfüllen und sie geht ihren Weg unbeirrt weiter. Schon ganz früh hat sie mich inspiriert, aber nicht überzeugt. Ihr bin ich jedoch sehr dankbar für ihren Mut, ihr Vorbild und ihr großzügiges Denken, denn sie betrachtet die Lichtnahrung zusätzlich als Transformationschance der Menschheit.

Wer mich definitiv überzeugt hat, ist der deutsche Wissenschaftler und Anthroposoph Michael Werner, Doktor der Chemie und Leiter des anthroposophischen Heilmittelinstitut in Arlesheim – Schweiz. 2001 hat er unter medizinischer Beobachtung den 21-Tage-Prozess absolviert, wie er ihn in seinem Buch beschreibt. Er ist danach pranisch geblieben. Im Oktober 2004, nachdem er zwei Jahre lang mit der schweizerischen Ethikkommission gerungen hat, ist es ihm gelungen, zehn Tage an der Universitätsklinik Lindenhof Bern völlig isoliert und unter ständiger Video-Überwachung alle messbaren Werte wissenschaftlich erfassen zu lassen. Die Ergebnisse dieser brisanten Studie sind erst vier Jahre später publiziert worden. Erwähnt wird schlicht und einfach "ein Fastenzustand"!!!

2007 lässt Michael Werner in Prag eine andere wissenschaftliche Studie durchführen. Da verweigert der zuständige Studienleiter grundlos die Veröffentlichung des durchgeführten Protokolls.

Das nenne ich Feigheit. Wissenschaftliche Feigheit. Und für solche sogenannte Wissenschaft empfinde ich nicht den geringsten Respekt, denn sie ist nur damit beschäftigt, den Status quo oder den Konsens, was also jeder glauben soll, zu bestätigen. Alles andere wird verdrängt, verschwiegen oder verpönt. Das erinnert mich an die Erfahrung des Neurochirurgen, Prof. Dr. Alexander Eben, der 2008 eine außerordentliche Nahtoderfahrung machte und der ebenfalls mit Engstirnigkeit und Ignoranz der Ärzte und Wissenschaftlicher konfrontiert wird. Was für eine Angst motiviert diese Leute, an ihrem eingetrichterten Wissen so stur festzuhalten, anstatt ihren Horizont zu erweitern? Sind sie so formatiert, dass sie nicht mehr selbständig denken können, oder haben sie Angst ihren Ruf, ihren Titel und ihr Geld zu verlieren? Was steckt dahinter? Wieso ist die herkömmliche Wissenschaft so missbraucht, dass sie eine dogmatische Religion geworden ist?

Meine Motivation ist erstens spirituell und zweitens politisch.

Angesichts dieser verzerrten Realität entscheide ich mich, soweit es mir möglich ist, mich von diesem pathologischen – um nicht zu sagen - schizophrenen Konsens abzunabeln. In diesem Sinne schließ ich mich dem Afroamerikaner Genesis Sunfire an, der als Aktivist die Prana Ernährung als einzige gezielte Aktion preist, die tiefgreifend wäre und das kranke System stürzen würde, das die Ausbeutung und Ungerechtigkeiten in der Welt aufrechterhält. Aus dieser Perspektive ist Lichtnahrung ein friedlicher Aufstand. Ein letzter Punkt betrifft die Tötungs- und Zerstörungswut der Menschheit, die die Natur grausam verunstaltet, zum großen Teil, nur um sich zu ernähren.

Und um Stefan Hessel zu zitieren: „Neues schaffen heißt Widerstand leisten. Widerstand leisten heißt Neues schaffen"

13. Schlussfolgerung

Die Umstellung auf Prana Nahrung ist eine der wichtigsten Entscheidungen meines Lebens. Sie ist eine aus freien Stücken gewählte Transformation. Je länger der Zustand andauert, desto stabiler und ausgeglichener ist er. Ich vermisse keines der Alltagsrituale, die mit dem Essen verbunden sind wie Einkaufen, Kochen, Abräumen, aber auch Essen gehen. Meine Hingabe an die Spiritualität ist intensiver und ich fühle mich mit der Ewigkeit und der Unendlichkeit stärker verbunden als je zuvor.

Meine pranische Erfahrung ist eine Reihe von persönlichen Erfahrungen, Erlebnissen, Einsichten und Schlussfolgerungen. Ich freue mich sie mit interessierten Mitmenschen aus zwei verschiedenen Gründen zu teilen. Erstens um das pranische morphogenetische Feld zu verankern, zweitens um dieses Thema zu entmystifizieren. Ich berichte von meinem ersten, ungünstigen Anlauf, von meiner Entgiftung und weiteren bodenständigen Erfahrungen. Ich bin eine durchschnittliche Frau mit einem vielleicht nicht ganz so gewöhnlichen Erlebnis. Der LNP ist nicht jederfrau/ jedermann Sache. Das ist mir klar und ich ermutige niemanden dazu. Manchen Personen würde ich sogar deutlich davon abraten. Für mich aber ist es stimmig und bereichernd. Die subjektive Wahrnehmung meiner Befindlichkeit hat mich geführt und bestätigt in meinem einzigartigen Zugang zur pranischen Erfahrung.

Mit einem Zitat von Michael Werner möchte ich gern abschließen: „Es geht nicht darum aufzuhören zu essen, sondern anders zu denken".

Es geht nicht um das Messen von Maßen oder das Zählen von Kalorien oder dergleichen. Sonst bleiben wir auf der Ebene des Kampfes um die Partikel. Essen oder nicht essen, gefangen in der Schleife der Gegensätze und Polarität. Es besteht jedoch die Möglichkeit, eine andere Warte anzunehmen wie beim Dreieck. Von dort betritt man eine höhere Dimension, die die Schleife transzendiert und auf der Ebene der Wellen mitschwingt. Dort ist das Sowohl-als-auch möglich und das Gesamte gewinnt einen anderen Wert und Bedeutung. Wir befinden uns nicht mehr ausschließlich im Grobstofflichen, sondern in einem Raum, wo Feinstofflichkeit und andere mentale Paradigmen erforderlich sind.

Nun fühle ich mich wohl im pranischen Zustand. Ich arbeite und reise viel. Ich bin dankbar für mein Leben. Meine Intuition kündigt mir eine gravierende innere Veränderung an und die Lichtnahrung sei nur ein Sprungbrett dafür. Es geht also weiter. Vielleicht werde ich Ihnen davon berichten.

Mein jetziger pranische Zustand erfüllt mich momentan, aber ich rechne damit, dass er sich weiterentwickelt und vertieft. Ich folge ausschließlich meiner inneren Führung und meiner höheren Instanz. Sollte ich mich aus irgendeinem Grund damit nicht mehr wohl fühlen oder den inneren Impuls erhalten, dass die Lichtnahrung für mich ungeeignet geworden ist, werde ich achtsam und mit freiem Willen den Zustand beenden und mich wiederum umstellen. Ansonsten bleibe ich weiterhin glücklich und pranisch.

Über die Autorin

Aurélienne Dauguet (geboren 1953 in Paris) verfügt seit ihrer Jugend über eine ausgeprägte feinstoffliche Wahrnehmungsfähigkeit. Zunächst als Krankenschwester (Zusatz Psychiatrie) tätig, ist sie heute unter anderem Dozentin an den Paracelsus-Schulen in Deutschland und der Schweiz für Auratherapie, feinstoffliche Radionik, den Sterbeprozess aus ganzheitlicher Sicht, Geistiges Heilen etc. Das aktuelle Unterrichts-Angebot ist bei den Paracelsus Schulen abrufbar.

Weiterbildungen: Lithotherapie, Aura-Arbeit, Aromatherapie, Blüten- und Edelsteinessenzen-Radiästhesie, feinstoffliche Radionik (ohne Gerät), „Radionic Practitioner" nach der „British Radionic Association" und mit David Tansley, Aura Soma Ausbildung mit Vicky Wall. Aurélienne Dauguet war Aura Soma Lehrerin.
Die Lehr- und Seminartätigkeit rund um das Thema Aura erfolgt europaweit.

Seit ca. 30 Jahren bietet sie sowohl in eigenen Räumen als auch per Telefon Lesen und Reinigen der Aura, Beratungen, Einzelsitzungen, Einzelunterricht sowie Fernunterstützung in deutscher, englischer und französischer Sprache an.

Bei Interesse siehe Kontaktdaten.

Kontakt:

Aurélienne Dauguet
Schießgrabenstraße 28
86150 Augsburg

Tel: 0049 821 / 45 40 77 44

WEBSEITEN: aureliennedauguet.com
aura-medium-zentrum.com

Literaturhinweise

Aurélienne Dauguet

Reiseführer zu deinen kosmischen Energien
– Aura-Entdeckung

ISBN 978-3-944700-02-1 (Paperback)

ISBN 978-3-944700-12-0 (e-Book)

Alles, was lebt, besitzt eine Aura.

Die Energien, die feinstofflichen Ausstrahlungen, wahrzunehmen, gehört zur natürlichen Begabung lebendiger Wesen. Diese wieder zu entdecken, eröffnet einen frischen, neuen Blick auf den Alltag und breite Horizonte.

Das Buch „Reiseführer zu deinen kosmischen Energien – Aura-Entdeckung“ führt den Leser auf eine Entdeckungsreise in die verschiedenen Ebenen und Dimensionen der menschlichen Aura.

Es enthält sowohl theoretische Abhandlungen über die verschiedenen Schichten der Aura wie den Ätherkörper, den Emotionalkörper oder den Mentalkörper, sowie auch praktische Übungen zum richtigen Umgang mit der Aura.

Letztlich wird das Buch für den Leser ein Reiseführer zu sich selbst.

Aurélienne Dauguet

AURATHERAPIE

für ÄRZTE, THERAPEUTEN

und interessierte LAIEN

ISBN: 978-3-944700-42-7 (Paperback)

ISBN: 978-3-944700-72-4 (e-book)

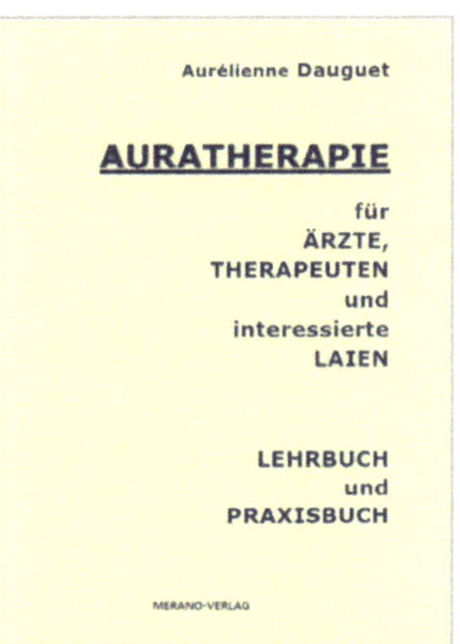

Dieses Buch besteht aus zwei Teilen:

Im Lehrbuch liegt der Schwerpunkt auf dem theoretischen Hintergrund, auf der Aura sowie den unterschiedlichen feinstofflichen Schichten. Es werden energetische Zugänge zur feinstofflichen Anatomie betrachtet. Auf die verschiedenen Aurapathologien sowie auf ihre Begradigung wird ausführlich eingegangen. Der hellsichtige Zugang zu Vergangenheit und Zukunft, zu inkarnationellen Erfahrungen, zu prophylaktischer Aurapflege und zur Aurachirurgie werden vorgestellt und in den therapeutischen Rahmen eingebunden.

Das Praxisbuch beinhaltet praxisorientierte Übungen, die die subtilen Wahrnehmungen des Therapeuten schulen, und Techniken, welche die Aura und deren Dimensionen pflegen, schützen, klären, harmonisieren und behandeln. Es enthält auch Erfahrungsberichte, die die Theorie und die Umsetzung der Auratherapie untermauern, sowie Erfindungen der Autorin.

Aurélienne Dauguet

EIN NEUES SELBSTBILD

ERSCHAFFEN

ISBN 978-3-944700-14-4 (Paperback)

ISBN 978-3-944700-44-1 (e-Book)

Bin ich halt so wie ich bin und immer war und daran ist nichts zu rütteln? Oder bin ich auf Erden gerade dafür, um mich und mein Wesen zu entdecken, zu erforschen, zu entfalten und zum Ausdruck zu bringen? Oder bin ich hier inkarniert, um meine Persönlichkeit zu verfeinern, zu veredeln und sie im Einklang mit meiner Essenz zu verbinden?

Selbstbestimmt und aufrichtig schreite ich durch die Welt voran und erinnere mich an meinen innewohnenden göttlichen Funken. Als Schöpfermensch und in Übereinstimmung mit meinem Höheren Selbst lebe ich meine ewigen und multidimensionalen Aspekte im Alltag aus.

Dieses unterstützende Werk zur Selbsterkenntnis wirft ein transformatives Licht auf den Menschen als spirituelles Wesen mitten im aktuellen Um- und Durchbruch. Die Metamorphose ist voll im Gange. Die Notwendigkeit und die Verantwortung ein anderes Menschenbild zu entwerfen, liegen in den Händen von jedem Einzelnen. Ein neues Selbstbild für jeden ruft unmittelbar eine differenzierte Identität für die gesamte Menschheit hervor.

Aurélienne Dauguet

Der Blender

oder

Vom Lieben und Sterben

ISBN: 978-3-944700-17-5 (Paperback)

ISBN: 978-3-944700-57-1 (e-book)

Diese wahre Geschichte verleiht erstaunliche Einblicke in karmische Zusammenhänge und alte Glaubenssätze, die überholtes Verhalten an den Tag legen.

Auf der Reise in die Normandie zu spirituellen Gesprächen mit einem angesehenen Autor enthüllen sich mehr und mehr unerwartete Zusammenhänge.

Wie im Kaleidoskop entfalten sich verschiedene Schicksale aus dem Alten Ägypten bis in eine zukünftige, befreiende, lichtvolle Verheißung. Erkenntnisse konfrontieren inakzeptable Zustände und Beziehungsmuster, um sie unter dem Spotlight des Bewusstseins zu transformieren und zu heilen.

Reflektionen und geistige Fähigkeiten untermauern jeden Tag des nordfranzösischen Aufenthaltes. Ewig gültige Prinzipien stechen hervor aus der unterhaltsamen Erzählung und schenken ein tieferes Verständnis über das eigene Leben, Sterben und Lieben.

Aurélienne Dauguet

Gesunde Abgrenzung

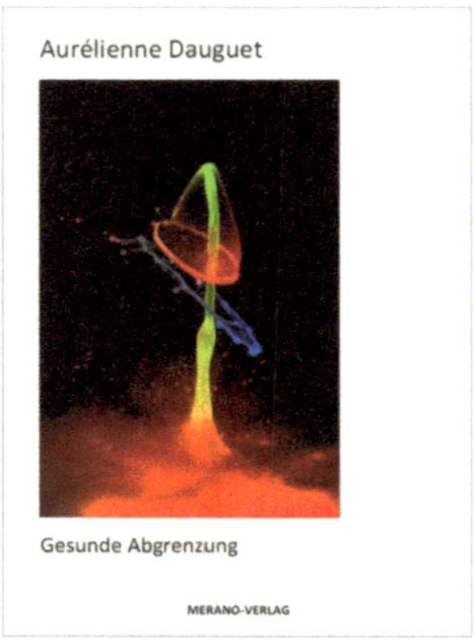

ISBN: 978-3-944700-26-7 (Paperback)

ISBN: 978-3-944700-76-2 (e-book)

Nachsicht, Wohlwollen, und Respekt des Raums und des freien Willens unseres Gegenübers sind Teil der Interaktion zwischen Menschen der neuen Zeit.

Nicht nur unter Menschen, sondern auch innerhalb der eigenen Einheit gehört ein achtsamer Zugang zum eigenen Körper, zum emotionellen Aspekt, zu den kognitiven sowie zu den geistigen und spirituellen Dimensionen unseres Daseins.

In ihrem 12. Buch (Gesamte Veröffentlichungen auf Deutsch, Englisch und Französisch) spricht Aurélienne Dauguet ein tiefsitzendes Thema an: die gesunde Abgrenzung auf den unterschiedlichen Ebenen des Seins im persönlichen sowie im kollektiven Bereich des Lebens. Auch gesunde Grenzen innerhalb der Familien-Strukturen werden mit Übungen und praktischen Hinweisen beschrieben.

Sollten wir mit unseren Mitmenschen nicht übereinstimmen, gehören jedoch Höflichkeit, Wohlwollen und Menschlichkeit zum Umgang miteinander. Dem bewussten Leben mit Wertschätzung zu begegnen ist eine moralische Pflicht.

Respekt für die Freiheit und den freien Willen unseres Gegenübers ist mit ethischen Folgen verbunden. Die Beeinträchtigung der Entwicklung eines Mitmenschen stellt eine der größten karmischen Brüche dar, die es gibt.

Aurélienne Dauguet

Aktiviere deinen inneren Heiler

ISBN: 978-3-944700-35-9 (Paperback)

ISBN: 978-3-944700-95-3 (e-book)

Dieses Buch bietet viele leichte Techniken und Übungen zur Aktivierung des inneren Heilers.

Die Abhängigkeit von Institutionen und einseitigem Wissen tragen dazu bei, dass der Mensch sich immer mehr von seiner innewohnenden Weisheit entfernt.

Es ist Zeit, Kontakt mit unserem Körper wieder aufzunehmen und uns mit seinen Reaktionen anzufreunden, um sie für unsere Gesundheit und unser Wohlbefinden zu nutzen.

Es ist von Vorteil, unsere Empfindungen und Emotionen zu fühlen und wahrzunehmen, um unserer inneren Geborgenheit zu vertrauen.

Es ist sinnvoll, Klarheit in unserem Kopf zu schaffen, um Eingebungen und höhere Führung zu empfangen.

Es ist unentbehrlich, wieder eins mit unserem grenzenlosen und ewigen Aspekt zu werden.

Mit der Unterstützung unseres inneren Heilers und unserer natürlichen Heilkraft sind wir alle mächtige Wesen und können viel mehr als wir meinen.

Regelmäßige Workshops vertiefen und verankern dieses Wissen anhand konkreter Methoden und Praxis.

Aurélienne Dauguet

JENSEITSKOMMUNIKATION

Von der Skeptikerin zum Aura-Medium-Zentrum

ISBN: 978-3-944700-48-9 (Paperback)

ISBN: 978-3-944700-98-4 (e-book)

Hinter diesem teilweise biographischen Bericht steckt eine eindringliche Botschaft für Sie. Denn es ist in der Tat eine Erinnerung daran, dass auch Sie die Fähigkeiten besitzen, sich mit unterschiedlichen Dimensionen im Inneren zu verbinden (mit den tiefen Schichten Ihres Unterbewusstseins, mit Ihrem Körper und seinen Funktionen) sowie mit den verschiedenen Bewusstseinsebenen im Universum.

Kommunikation ist die Basis der Existenz: alles im Universum ist miteinander verbunden und interagiert stets miteinander.

Aurélienne Dauguet: „Durch ihre empathische Sprache haben mich Verstorbene und andere Körperlose dazu geführt, das AURA-MEDIUM-ZENTRUM zu gründen. Sein Sinn und Zweck sowie der Inhalt der Ausbildungen wird hier ausführlich erklärt."